启笛 | 听见智慧的和声

奥斯曼－土耳其的发现

昝涛 著

历史与叙事

北京大学出版社
PEKING UNIVERSITY PRESS

| 三、字母革命 | 117 |
| 四、"放羊的苏雷曼" | 124 |

第三章
文学与政治

一、帕慕克的历史—政治观	133
二、在宗教与世俗之间	143
三、《狼图腾》与"土耳其史观"	148

第四章
新奥斯曼主义

一、重学奥斯曼文	167
二、进取的外交	172
三、帝国重现？	175
四、走向埃尔多安主义	187

第五章
土耳其与中国

| 一、以土耳其为方法 | 201 |
| 二、当代中土关系 | 207 |

序言 中东文明史上的土耳其

第一章
世界主义的奥斯曼帝国

一、历史分期与起源叙
二、多元帝国的消逝
三、奥斯曼人的海洋
四、帝国史的书写

第二章
凯末尔主义

一、革命史观
二、国父的思想

附 录

解读《奥斯曼帝国:五百年的和平》　　225
从凯末尔到埃尔多安:土耳其模式的进化　　240
土耳其的近代转型与它的"不得已"　　254

序言
中东文明史上的土耳其

在这本小书正式开始之前,我想宏观地讨论中东文明历史变迁及历史叙事的特征,而非讨论具体的史实或者当下的现实问题,并借此引出对土耳其的考察。从宏观历史的角度看,文明并非必须以拥有文字为前提;文明的变迁也并非简单的一种文明取代另一种文明,而是在断裂中存在着延续,断裂与延续交织在一起。此外,我们当下所使用的许多历史、地理、理论的概念皆是西方的产物,而近代以来西方的崛起和殖民—帝国主义对全球的宰制,将这些概念"普世化"了,也就是隐藏了其背后的权力和霸权机制。这也是我们要强调非西方社会之主体性的原因。

1

中东地区在历史上出现了多个重要的世界性文明形态。中东地区的文明,曾经是人类文明历史的至高点之一，它产生了影响全世界的文明成果。在中东地区的美索不达米亚（两河流域）、巴勒斯坦、古埃及、波斯等地，出现了重要的古代文明。在古犹太教的基础上，基督教、伊斯兰教相继出现。基督教文明、伊斯兰文明等更是遍布全球，影响至今，并持续对中国产生重要影响。

中东在多个方面具有某种"中间"地位。一是地理方位的"中间"。现在我们的世界地理划分，主要源自西方人的地理观，是以西方为标准和参照的，从欧亚的划分来说，欧洲的边界似乎是清晰的，根据欧洲保守主义的界定，欧洲历史有三大传统——罗马帝国、基督教文明、启蒙现代性，在此之外的欧亚大陆便成了亚洲；在方位的命名上，中国所处之地是"远东"。"中东"这个地方，还有一个名称，叫作"近东"。欧洲人的大航海以后，人类历史进入全球交流的新时代，中东是东西方交流的中枢之地。二是文明意义上的"中间"属性，从政教关系的传统看，欧洲是一神教+教会，东亚传统是非一神教+非教会，中东则是一神教+非教会，这样笼统地看，中东传统文明在某种意义上也是处于一种"中间"状态。

中东文明断裂与延续并存。所谓断裂，最重要的是指7世纪以后，随着伊斯兰教的兴起与扩张，原属于基督教文明的东罗马帝国的大部分，包括马格里布、埃及、叙利亚、土耳其等地区，以及信仰拜火教

序言　中东文明史上的土耳其

的伊朗、两河流域出现了伊斯兰化,然而,这种断裂中也存在着某种意义上的延续,如黎巴嫩、埃及等国家,仍然存在一些基督教徒。从一神教(亚伯拉罕宗教)的角度来说,东罗马帝国基督教地区的伊斯兰化,仍然是一神教的延续。除了基督教被伊斯兰教替代之外,如果把现代性视为一种新的文明形态,其所带来的理性化和世俗化,在19世纪以来的中东地区,又造成了另外一种断裂,那就是伊斯兰社会的世俗化。

古代的文明对现代中东仍然意义重大。对现代人而言,古代文明虽然主要是存在博物馆里供人参观的东西,但是,在20世纪的历史上,古代文明又成为各种现代政治意识形态所利用的资料和资源,主要表现为在其长久的历史断裂之后,又重新被建构为现代民族国家的民族认同的一部分,在土耳其、伊朗、伊拉克、埃及等地都发生了类似的情况。不过,对待古代文明也有极端情况,就是极端主义势力破坏古文明的遗迹。

2

对今天的中东来说,伊斯兰文明占据最重要的地位。不过,在一神教序列中,伊斯兰教是最年轻的。就世俗的人类历史来说,犹太教大约有3000年,基督教大约有2000年,而伊斯兰教大约有1400年。因为都将亚伯拉罕视为重要先祖,三大一神教又被称为亚伯拉罕宗教。一神教的典型特点就是认为神是唯一的,犹太教徒、基督教徒、伊斯兰教徒,都信奉一个神。一神教观念的出现有其"神秘"之处,但一般认为其与人类理性的发展有关,在最初,它甚至被认为与"无神论"相近。

讨论中东地区的一神教,最重要的起点是犹太教。犹太教的特殊之处,是其特定的上帝选民意识,即认为上帝偏爱犹太人,犹太人成了被特选的神圣民族,这是犹太教不传教的重要背景。虽然在后世的犹太人中出现了对选民观念的不同解释,但至少在今天的以色列,选民观念仍为占据主导的正统派所坚持。历史上,犹太人所经历的苦难,也被用来强化犹太人的选民意识。而犹太复国主义其实是一种世俗民族主义,在当时的一些正统派看来,离散状态是犹太人的本质,人为地建立一个独立国家才是对上帝意志的违背。

虽然基督教从犹太教发展而来,但基督教是传教的,最后成为罗马帝国的官方宗教。宗教发展的特点是,在教义上,后来者往往承认之前宗教的某些要素,而之前的往往不承认新兴的宗教。比如,犹太教不承认耶稣基督,而基督教承认摩西;伊斯兰教承认摩西和耶稣,基督教不承认穆罕默德。另外,伊斯兰教不承认基督教的三位一体观念,并认为这是对一神观念的扭曲。

一神教内设了一个重要的恒久性命题,那就是人与神的关系。首先是神造万物,包括人类;其次是人与神之间有特殊关系,比如人敬畏神,神爱人,人与神之间还会立约,等等。在这样的一系列关系中,人与神的关系问题,就是需要不断面对和被处理的问题,从而,人与神之间需要某种"中介",这就是"使者"。神会在不同时代选择其"使者",先知穆罕默德就是这样的角色。从伊斯兰教的角度看,之所以不断地有使者被选派,是因为上帝的信息(启示)在之前已经被扭曲或腐蚀了。因此,才需要重新确立对上帝的敬畏和顺从,"伊斯兰"的意思就是"顺从"。从穆斯林的角度来说,伊斯兰就是顺从真主的意思,穆斯林就是顺从真主的人。在这个意义上,穆罕默德是一神教信仰(伊斯兰教)的"复兴者"。

3

从两千年的历史来看,伊斯兰教的出现改变了中东文明的版图。16世纪时,欧亚大陆上存在着三大伊斯兰帝国——奥斯曼帝国、萨法维王朝和莫卧儿帝国,尽管这些帝国后来都消失了,但它们对世界历史产生了重要影响。尤其是奥斯曼帝国,与我们讨论的中东文明的历史关系更为密切。奥斯曼帝国是中东地区最后一个伊斯兰帝国,它的遗产是最丰富的。

1453年,征服者穆罕默德二世带领军队征服了君士坦丁堡,东罗马帝国正式灭亡。奥斯曼人把圣索菲亚大教堂改造成了清真寺。他们没有毁掉圣索菲亚的主体结构,而是对其进行了改造,比如,一些基督教的宗教艺术作品不是被彻底清除,而是被遮盖了起来。1923年,在奥斯曼帝国的废墟上,土耳其共和国建立。1935年,圣索菲亚被变成博物馆。在土耳其与欧洲的外交或文化关系密切时,圣索菲亚的一些基督教遗迹还会展出,比如穹顶四个角的天使形象。2020年,圣索菲亚博物馆又被改回清真寺,引发世界范围内的巨大争议。圣索菲亚这座千年宗教建筑,非常生动地代表了中东文明的断裂与延续这一主题。

"一战"后,奥斯曼帝国彻底崩溃,后来有土耳其"国父"(Atatürk)之称的穆斯塔法·凯末尔领导土耳其人挫败了协约国进一步瓜分的企图,战胜东边的亚美尼亚和西边的希腊人两支力量,然后通过洛桑谈判,签订国际条约,建立了今天的土耳其共和国。但这个新国家也面临一个重要的问题,比如像"特洛伊"这样的故事,似乎与土耳其人没有关系。作为一个新的国家,它可被理解的最大焦虑,就是对自己脚下这块领土的拥有感(或者说"历史主权")不自信。所以,土耳其人特别想证明小亚细亚这片土地及其以前的文明，"自古以来"这就是他们不可分割的领土和历史遗产。这就是我曾经研究的"土耳其史观"（Türk Tarih Tezi）的重要功能之一。

简单地说，1920—1930年代土耳其官方对西方的雅利安史观进行了改造，创造性地建立了一套自己的历史叙事，从而把自己说成是最早的中亚白种人的祖先。他们说，因为气候的变化，土耳其人的祖先四处迁徙，创立或影响了包括中国文明在内的主要古代文明，两河流域、小亚细亚的古代中东文明乃至古希腊文明，就成了土耳其人的白种祖先创造的。苏美尔、赫梯文明就成了土耳其人的祖先创造的。所不同者，土耳其人的这种历史观是防御性的，不是种族—帝国主义的。到1940年代末，土耳其官方开始放弃这种历史观。

现在土耳其人的官方史观中，将自身定义为小亚细亚丰富的历史和文明遗产的继承者，也不讳言土耳其人的祖先主要是1071年后来到小亚细亚的，并与当地人发生了民族融合，极大地改变了自身的种族特征。最近，一则与土耳其人的基因工程有关的新闻引发了国内自媒体的关注，其内容大致是说，土耳其人的基因测序证明，他们与当地人的亲缘关系更密切，和中亚其他讲突厥语民族的关系反而比较远，不过这事在土耳其知道的人并不多，反而可能是希腊人和我们更关心。而这种关心，跟政治关系较大。其实，需要注意的是，所谓"当地人"并不能直接被等同于希腊人，现代土耳其共和国国民的来源很复杂，在共和国建立之初，相当一部分人其实是不久前从欧洲、克里米亚等地移民过来的。

官方博物馆往往是现代民族国家权力主导下的历史叙事的具象化表达，具有政治功能。从这个意义上说，考古有重大的政治意义，比如，土耳其1930年代关于赫梯人的考古就非常重要，受到国父凯末尔的高度重视。因为在当时的官方历史观念下，赫梯人被视为古代的土耳其人，赫梯文明被说成是土耳其人的祖先建立的。

除了赫梯文明在土耳其外，古埃及文明在现代埃及，两河文明在萨达姆的伊拉克，古波斯文明在巴列维王朝的伊朗，也都成为现代国家需要处理的历史遗产问题。对于前伊斯兰时代的中东历史和文明遗产的关注，除了对"历史主权"的关切之外，还有一点是探寻文明属性，也就是说，现代国家往往希望通过发掘自身民族在前伊斯兰（Pre-Islamic）时代的伟大，来彰显自身某种内在的世俗性，将宗教视为进步的障碍，力图控制宗教的影响力，借此来追求"现代性"，这是人为建构出来的断裂与延续。

历史研究虽然偏爱个性和特殊性，但整体上说，历史学给我们揭示的更多是复杂性。需要警惕的是,历史就像某些经典一样,经常会被用于特殊的政治目的。而批判性历史研究,恰恰是通过不断地揭示和还原这样的操作,来赋予我们更多的智慧,而不是"镜鉴"那么简单。

城镇中已经形成了类似于行会或兄弟会的同业组织,在安纳托利亚的诸侯身边有犹太人医生、伊斯兰教法官和希腊侍者。

第一章
世界主义的奥斯曼帝国

第一章　世界主义的奥斯曼帝国

一、历史分期与起源叙事

1. 奥斯曼帝国的历史分期

如果要做一个粗略的历史分期的话，奥斯曼帝国的历史可以大致分为四段：

（1）从13世纪末14世纪初到1453年奥斯曼人攻陷君士坦丁堡、灭亡东罗马帝国，这是第一个阶段，这个阶段还说不上是帝国，只能说是从奥斯曼公国走向帝国的时期，也可以叫帝国形成期；

（2）1453年后奥斯曼才称得上是帝国，之后是帝国扩张与建设时代，也就是从1453年到16世纪中后期，这是奥斯曼帝国达到最强盛的一百多年，以苏雷曼大帝的统治在16世纪中后期的结束为标志；

（3）16世纪中后期之后，奥斯曼帝国就进入长达两百余年的"危机、调整与相对平衡"的时代，一直持续到18世纪后期的1789年。从前学界认为苏雷

曼大帝之后的奥斯曼帝国陷入了漫长的衰落期,[①] 现在已经很少有学者持这种有明显价值倾向的判断了;

(4) 1789 年(巧合的是,这一年也是法国大革命发生的时间,而此时中国是乾隆朝末期[②]),苏丹塞里姆三世开启了具有现代化意义的、长达一百多年的改革时代,这一百多年可以称为"挫折、现代化与收缩并行的时代",奥斯曼帝国面对西方的崛起以及许多内部问题,需要应对种种挑战,直到 1918 年第一次世界大战中奥斯曼帝国战败,很快彻底解体。

和一般的中国历史研究者稍不一样的是,很多土耳其本土和西方的历史学家们在做奥斯曼—土耳其研究的时候,没有那么明确的分期断代意识,如果他们是"近现代史"研究者,那么,他们通常会将 1789 年以来的奥斯曼帝国史到土耳其共和国早期的历史都作为研究对象。

这一章的内容实际上涉及整个奥斯曼帝国史,所以,对上述分期的简单介绍应该有一点参考意义。不过,需要首先说明,一是我整体上对奥斯曼帝国本身所谓多样性或世界主义的肤浅理解,主要是读书心得,算不上直接研究成果;二是从近代以来直到当

---

① 另一种常见的衰落论认为,奥斯曼帝国是在 17 世纪晚期开始衰落,尤其是从 1683 年第二次攻打维也纳失败以后。
② 不过,当时的奥斯曼人跟远在东亚的乾隆王朝相似,对法国大革命的近代历史意义还没有什么认识。

第一章　世界主义的奥斯曼帝国

代,奥斯曼帝国的历史都在不断被重新书写与反思。对奥斯曼帝国这种多样性的反思,也就是对于奥斯曼帝国本有的、可以称为世界主义或多元主义帝国的特点的反思,既包括了对奥斯曼帝国历史本身多样性的反思,也包括对历史上直到今天的人们在帝国史、近现代土耳其史、媒介、公共舆论、政治等领域对奥斯曼帝国历史及其多样性的不同观念进行反思。

有必要先对奥斯曼帝国的"多样性"和"多元主义"做个界定。奥斯曼帝国就不必界定了,尽管19世纪中期以前奥斯曼并不被称为帝国——"帝国"的概念是从西方来的,尤其是在拿破仑之后才普及开来。如果我们查词典,奥斯曼帝国对应的土耳其语称呼是"Devlet-i 'Aliyye-i 'Osmāniyye",对应的翻译大概为"伟大的奥斯曼国家",西方的"Empire"传入以后,就出现了"Osmanlı İmparatorluğu"这样对应的译法。所谓的"多样性",一方面是客观的描述,任何一个社会,哪怕再小,也存在一定程度的多样性。在这个意义上,奥斯曼帝国的多样性并没有什么特殊性可谈。这可能是传统帝国的普遍特征。奥斯曼帝国在文化上普遍呈现出一种世界主义的图景。在外国旅行家、外交官及其夫人们等所留下的西文史料当中我们会发现,他们对奥斯曼帝国都城里的世界主义图景非常惊讶,在一个贵族家庭之中,不同的角色由不同民族或教派的人来担当。比如,厨子往往是亚美尼亚人或希腊人,管家一般是犹太人,看门的又是别的族群的，等等。但对奥斯曼帝国的人来说，他们并没有刻意地去书写这些东西，他们显然已经习以为常，主要是外国人会对此表示惊讶。

从另一方面来说，奥斯曼人也不是对此完全没有意识或主动性，在"pluralism"的意义上，尽管它可以翻译成"多元主义"，其实也可以译成是"世界主义"（cosmopolitanism），也就是说，帝国不仅意识到了它自身的多样性，而且还偏好这种多样性，要根据其自身存在的多样性去制定相应的政策、发展相应的意识形态。换句话说，在治理的层面上，帝国对其自身的多元特色是有认知的，不是被动地接受，而是有一些调适的具体实践和主张。这样看来，奥斯曼帝国既存在复杂的多样性，又实行了多元主义的治理。

2. 奥斯曼起源的争论

奥斯曼帝国的多样性从何而来？我们要对奥斯曼国家的起源有一个简单的认识。奥斯曼帝国的起源，直到今天仍然是多种理论博弈的场域，很难说有一个共同认可的说法。关于这一问题的讨论大概如下。

1916年，"一战"期间，赫伯特·吉本（Herbert Gibbons，1880—1934）依据二手资料完成的名作《奥斯曼帝国的创立》(*The Foundation of the Ottoman Empire*) 出版，他提出，奥斯曼人其实是一个新"种

第一章 世界主义的奥斯曼帝国

族",是由皈依了伊斯兰教的、混融的希腊人和巴尔干斯拉夫人再加上土耳其人构成的,其中基督徒成分是最重要的,吉本认为,奥斯曼国家之所以能够崛起,就是因为这个新的"种族"在伊斯兰的外衣之下继承和延续了拜占庭的行政管理传统,这就等于说,拜占庭的传统是奥斯曼成功的一个重要因素,奥斯曼国家不可能源于纯粹的突厥—穆斯林,而是一个混合体,伊斯兰教使这个混合体得以凝聚。在制度上,奥斯曼人是拜占庭的继承者。这个侧重于强调"西方元素"的混融论,在比较长的时期得到了西方人的认可。[1]

不过,上述观点肯定是土耳其人所不愿意接受的。其中比较著名的是跟法国年鉴学派关系密切的土耳其学者福阿特·科普卢律(Fuat Köprülü,1890—1966)。从他的姓氏可以看出来,他应该来源于奥斯曼帝国历史上那个著名的宰相家族。科普卢律批判了吉本的观点。他先是否定了奥斯曼体制上的拜占庭起源论,提出奥斯曼的体制源于塞尔柱人和伊尔汗国,奥斯曼人自己不是没有建国能力。在土耳其民族主义高涨的1930年代,科普卢律旗帜鲜明地拒斥吉本的混融说,提出奥斯曼国家是纯粹的游牧突厥人的国

---

[1] Herbert Gibbons, *The foundation of the Ottoman empire: a history of the Osmanlis up to the death of Bayezid I (1300-1403)*, Ozymandias Press, 2016.

家,这些创建了奥斯曼国家的突厥人,继承的是塞尔柱和伊尔汗国的制度传统。科普卢律擅长研究塞尔柱时代的史诗等文学文本。他的观点有鲜明的时代特色,有利于增强土耳其人的民族自尊心、自信心和自豪感。①

1937年,关于奥斯曼国家起源的讨论有了重要推进,这就是奥地利学者保罗·维特克(Paul Wittek,1894—1978)提出的著名"圣战(加扎)起源论"(ghaza thesis)②③。维特克强调,奥斯曼公国处在一个边疆社会,这个国家的创立者融合了游牧民与伊斯兰圣战(ghaza)精神,他们的目标是与周边的基督徒异端作战。维特克的观点在比较长的时期主导了西方人对奥斯曼国家起源的理解,当然,他的观点在土耳其影响很小(有意思的是,研究奥斯曼帝国最著名的史学家哈利勒·伊纳尔哲克教授[Halil İnalcık,1916—2016]是一个例外)。

支撑维特克的这个理论的重要资料之一,是他对奥斯曼的第二任领导人奥尔罕(Orhan,1324—1362年在位)时期一个碑铭的解读。不过后来又有人指出

---

① Fuat Köprülü, *The Origins of the Ottoman Empire*, Albany: State University of New York Press, 1992.
② 需要强调的是,维特克的贡献是多方面的,如果仅从圣战征服论这一个方面置评,是不公允的。
③ Paul Wittek, *The Rise of the Ottoman Empire: Studies in the History of Turkey, thirteenth-fifteenth Centuries*, Routledge, 2015.

第一章　世界主义的奥斯曼帝国

维特克对这个碑铭的解读有错误，而且还有可能是他的某些主观意识导致了他提出"圣战起源论"。也有学者认为那个铭文是19世纪伪造的，不过并没有很多人赞同。新的观点认为，"加扎"尽管可以被解释为伊斯兰的圣战，但也不能对其做僵化的理解，尤其是在进入不同的语境和历史场景的时候，一个词的含义是会发生变化的，海斯·罗瑞（Heath W. Lowry）认为，加扎在奥斯曼彼时的环境中，应该具有更多世俗性的含义，等同于袭击和劫掠（akın），当时的人们是把ghaza与akın（劫掠）互换使用的，而且更多使用的是akın，相应的ghazi与akıncı也有相似的意思（劫掠者）。Ghaza的参与者既有土耳其人，也有希腊人；既有穆斯林，也有非穆斯林。对希腊地区人口的接纳，是奥斯曼人最初扩张和成功的原因。①

赞成维特克的土耳其著名学者伊纳尔哲克教授，一方面强调了圣战因素对奥斯曼国家成功的影响，另一方面又强调了突厥部落因素在其中的作用，伊纳尔哲克强调拜占庭人和穆斯林共同构成了奥斯曼国家，但没有回答是哪些因素使他们结合在一起。可以说，伊纳尔哲克教授的研究，是对科普卢律和维特克的综合。

伊纳尔哲克讨论了蒙古征服对安纳托利亚地区的

---

① Heath W. Lowry, *The Nature of the Early Ottoman State*, Albany: State University of New York Press, 2003.

人口结构变化的影响,他的研究推动了对当地社会经济史,尤其是人口变动的深入探讨。

这些研究给我们的启示应该是多方面的,就我们现在讨论的问题来说,它们告诉我们,奥斯曼帝国的源头其实并不单纯是人们想象中的由讲突厥语的游牧部落迁徙和发展成为一个帝国的,而是来自多元的人口流动与融合。在多元的边疆社会政治大变动的时代背景下,由吸纳了不同元素的、有部落性质的游民劫掠集团发展成为简单国家,吸收已经存在于近东社会的多元政治传统(城市伊斯兰的、拜占庭的与内陆亚洲的,等等),最终发展为一个大帝国。也就是说,奥斯曼国家在起源上无论是人口、社会形态还是文化、制度,等等,都有多元特性。

对上述问题的探讨,一般的奥斯曼帝国通史著作多少也会涉及,不管是较早的英文世界的斯坦福·肖(Stanford Shaw)夫妇撰写的两卷本《奥斯曼帝国与现代土耳其史》(中文只翻译了一半,芬纳写《统治史》时奥斯曼帝国这部分的主要参考资料就是肖的书),还是较新的日本学者林佳世子写的《奥斯曼帝国:五百年的和平》,都谈到了这一问题,尤其是林佳世子的书中比较多地反映了这个领域学术史的新成果。海斯·罗瑞的书《早期奥斯曼国家的特质》(*The Nature of the Early Ottoman State*)则是比较专门的研究。

第一章 世界主义的奥斯曼帝国

就本章主题来说,我们还需要稍微关注一下人口变动的问题。一般认为,讲突厥语的不同游牧部落在进入安纳托利亚地区之后的很长一段时期里,所占的人口比重是比较低的。因此,他们不可避免地要处理自身代表的游牧或半游牧的少数人口与其他多数人口之间的关系问题,这是奥斯曼国家早期发展出多元主义统治和治理之术的重要原因。奥斯曼帝国的早期扩张中,征服所获得的大量土地、战利品如何进行分配?如何激励更多的人参与其中?针对这一问题,后来形成了一种采邑制度(timar,即"蒂玛尔"制度),在初期这种制度内部也包含了多元色彩。早期持有 timar 的人不只是穆斯林,基督教徒也能持有 timar。后来非伊斯兰教徒持有 timar 的数量减少,原因之一可能是持有者皈依了伊斯兰教。

如果把视野放宽到有相对可估的人口数据的 15 世纪、16 世纪甚至近代,我们可能看得就更为清楚。一般认为,直到奥斯曼帝国在 1517 年征服了包括北非、叙利亚、两河流域等地在内的阿拉伯—伊斯兰地区时,奥斯曼帝国的人口中占比重最大的仍然是非穆斯林,其中主要包括东正教徒、亚美尼亚人和犹太人。16 世纪 20 年代以后,穆斯林人口并不明显地超过非穆斯林人口。据统计,当时的穆斯林人口大概占 60%。而且其中很重要的一个原因是穆斯林在巴尔干地区取得统治权后,该地区出现了很多改宗伊斯兰教的人。即便如此,在巴尔干地区,非穆斯林人口所占的比重还是要远高于穆斯林。只能说,此时帝国的穆斯林人口逐渐地上升为多数,但并不占绝对优势。那么,又该怎么解释后来穆斯林人口的增加呢?我想这可能跟帝国逐渐失去了一些非穆斯林地区和移民有关系。非穆斯林人口在奥斯曼帝国比重较大,是奥斯曼帝国发展出多元主义统治之术的非常重要的原因之一。①

现在,国内外的世界近代史教材中,往往会提到1500年以来的所谓的三大伊斯兰帝国,即莫卧儿帝国、萨法维王朝和奥斯曼帝国。我们可以比较一下这几个帝国。它们的建国者在源头上都是内陆亚洲的游牧或半游牧民族,皈依伊斯兰教的时间还不是很长。莫卧儿帝国和奥斯曼帝国都有庞大的非穆斯林人口,在南亚长期生活和定居的是印度教徒,小亚细亚和巴尔干地区则是基督教徒,在地中海东岸的阿拉伯地区也有一些基督徒。莫卧儿帝国也曾有一段非常辉煌的、可以被称为多元主义或世界主义的历史,著名的阿克巴大帝奉行宗教宽容,还创立了神圣宗教,后来阿克巴大帝的政策因遭到具有阿富汗、中亚背景的穆斯林军事贵族的反对而失败。在萨法维王朝,虽然主

---

① 昝涛:《"因俗而治"还是奥斯曼帝国的文化多元主义?——以所谓"米勒特制度"为重点》,《新史学》,第13辑,社科文献出版社,2020年12月。

体人口是波斯人,但早期的军功贵族也多来自于讲突厥语的部落社会,统治集团也非常注意从高加索地区获取人力资源。

二、多元帝国的消逝

历史上,奥斯曼人其实并不喜欢别人称呼自己为"土耳其人"。这是为什么呢?简单来讲,自古以来,某个群体自己如何称呼自己(自称)和别人怎么来称呼或看待它(他称),往往是有差异的。随着奥斯曼人力量逐渐发展壮大,西方人把活跃在小亚细亚地区的这些长相、语言、习俗、宗教相似的部落或者部落联盟,都称作土耳其人(或者突厥人)。这些部落当然有自己的部落身份或认同,比如,奥斯曼部落的名称来自一个叫奥斯曼的著名酋长,这往往是游牧人集团命名的一种习惯,塞尔柱人这个集团的名称其实也来自一个叫塞尔柱的著名的部落酋长。但他们自身没有一个统一的所谓"土耳其人"或者是"突厥人"的认同。外人可能对他们有这样的一个泛称,比如,在波斯—阿拉伯的认知里面,会将他们统称为"突厥人",前面讲的欧洲人对这些游牧人的指称也是这样,所以我们可以看到,这里讲的"土耳其"或"突厥"是比较泛化的一种统称,显然不是今天意义上的民族认同，两者不能混为一谈。更不必说，对欧洲人来讲，"土耳其人"长期与穆斯林是同义词。

奥斯曼人的国家继续发展，它之后怎么自称呢？就是我们前文提到的"伟大的国家"，有"天朝上国"的意思。奥斯曼人当然也知道波斯—阿拉伯的认知传统，而且波斯—阿拉伯的认知传统也进入奥斯曼的文化或历史书写中，对奥斯曼人有（再）教育意义。所以，也不能说奥斯曼人对土耳其或突厥没有认识，或者说他们完全遗忘了这一部分，他们至少也会承认自己说的语言是突厥语（或土耳其语），但是，精英阶层、统治阶层还是不愿意认同"突厥"，而更喜欢自称为"奥斯曼人"。在当时，如果日常说起"土耳其人"或"突厥人"，主要是指有游牧背景的、较为不开化的那些部落人。这个情况在奥斯曼帝国历史上长期存在。

奥斯曼帝国统治着广袤的领土，内部有着非常多元的文化身份。体现到奥斯曼帝国君主的称号上就有很多，跟伊斯兰有关的"加齐"（字面意思是为信仰而战的武士），跟中东地区历史传统有关的"苏丹"，然后，还有跟内陆亚洲有关系的"汗"或"可汗"，跟波斯有关的"帕迪夏"（意思是"大王"），还有跟欧洲传统有关的"凯撒"等。当然跟穆斯林关系最密切的，是在 16 世纪初征服了阿拉伯地区以后获得的"哈里发"（指的是先知的继承人的意思）头衔，一直延续到1924年。

所以,仅仅从这些表面的现象就可以看得出来,奥斯曼帝国是一份非常复杂的遗产。研究奥斯曼帝国史的著名专家哈利勒·伊纳尔哲克打过一个比方,奥斯曼帝国就像一把伞,伞下面罩着一群有着不同文化传统的族群以及次级政治体,奥斯曼帝国作为一把伞,苏丹就是这个伞的顶尖,维系帝国需要的是对苏丹的效忠①。这个帝国是建立在多族群、多文化、多宗教的基础上的。民族国家是建立在理想意义上的"一族一国",但实际上很难真正做到。奥斯曼帝国的文化是多元的,幅员又如此辽阔,所以,在当年的技术条件下,很多时候只能通过"间接统治"来维持帝国的运转。

从国家的人口构成来看,在奥斯曼帝国历史最初两百多年里,非穆斯林占据多数地位。即使是16世纪初征服阿拉伯地区以后,穆斯林人数大幅增加,也就占到帝国的六成多。也就是说,在奥斯曼帝国,穆斯林和非穆斯林之间的比例几乎相当,在大部分时间里穆斯林没有占据绝对优势。奥斯曼帝国刚建国时的穆斯林人口就更少了,所以需要想一些办法来汲取基督徒的人力资源。

---

① Halil İnalcık, *Tarihe Düşülen Notlar: Röportajlar, 1958-2015*, Cilt II, Istanbul: Timaş Yayınları, 2015, pp. 113-114.

有一个饱受争议的制度叫"德武舍迈"（devşirme，本义为"征召"），简单来说就是从基督徒的边远农村征召10岁到15岁的男孩。这些人被送到奥斯曼帝国的首都，大部分成为禁卫军的一员，极少数出类拔萃者，经过严格且长期的教育最终成为帝国大员，当然他们都皈依伊斯兰教了，这是所谓的"奴官制"。

此外，在奥斯曼帝国的后宫里面，大量是奴隶出身的甚至是从奴隶市场买来的不同民族的女性（主要是白人）。奥斯曼帝国的皇帝其实长期没有真正的法律意义上的婚姻，他的后宫有大量的女性，可以说都是他们的生育工具，像苏雷曼大帝和许莱姆正式举行婚礼、结婚这种事，都算非常特殊的。

还有一个需要关注的是所谓的"米勒特制度"（millet system）。一般认为，米勒特制度是伊斯兰帝国赋予境内不同宗教团体较大自治权的一种制度，学界对"米勒特制度"问题曾经有很多争议，一种观点认为奥斯曼帝国在19世纪以前并没有一种明确的制度设计意义上的"米勒特制度"，只有一些临时性和权宜性的安排；另外一种观点认为，奥斯曼帝国尽管可能没有明确地设计一种叫作"米勒特制度"的体制，但在实践中，又的确存在给予非伊斯兰宗教共同体较大自治权的做法，这是奥斯曼帝国内部治理的一个重要特点，因为帝国要统治这么一个国土广袤、文化多

第一章　世界主义的奥斯曼帝国

元、人口构成复杂的帝国,就必须倚重已有的传统,实行某种"因俗而治",才能最大程度地节约管理和行政成本。

到了近代,形势出现了新的变化,19世纪改革时代(Tanzimat)的奥斯曼帝国中央政府考虑给予国内所有民众平等的地位(公民权)。这当然是受到西方国家的影响,尤其是法国大革命的影响,同时也是一种外交上应付列强干预其内政的姿态或策略。这种平权主义的改革之精神被称为"奥斯曼主义",也就是奥斯曼人想打造一个近代意义上的奥斯曼国家,整个国家无论你是穆斯林还是非穆斯林,不论你是哪个民族、哪个族群或哪个教派的人,在奥斯曼国民这个公民身份的意义上都是平等的。可以说,这是一种建立现代公民权的国族主义,这个努力方向是值得肯定的,可以视作奥斯曼国家要把自己整合成西欧式的近代民族国家所作的努力,但遗憾的是最终并没有成功。

奥斯曼主义的改革之所以没有挽救帝国,主要是因为内部民族主义的发展以及外部列强的干涉。在构建一个新型的、基于平等公民权的现代主权国家的努力失败后,奥斯曼帝国最终被民族主义严重削弱,它以往统治的领土上出现了一系列的民族国家。希腊在19世纪上半叶率先独立,后来巴尔干地区的不同基督教民族都陆陆续续获得了自治或者独立的地位。

到20世纪初,这个趋势已经很明显了,"一战"中奥斯曼帝国失败后,就出现了讲土耳其语的这些人的民族自决问题。简单回顾使我们发现,对奥斯曼帝国解体的命运来讲,所有的原先属于帝国的民族最终都抛弃了奥斯曼帝国,土耳其人可能是其中的最后一拨。但是,土耳其人终究也是抛弃了奥斯曼帝国的,所以才会出现后面我们提到的土耳其民族主义者对待帝国的那种认知和态度。

三、奥斯曼人的海洋事业

一般地,人们说起奥斯曼帝国,往往会认为它是一个纯粹的大陆型帝国,但这其实是一种误解。当然,它的确有大陆帝国的一面,但跟中国这样的更像一个大陆帝国的古代国家相比,奥斯曼人所处的地缘环境并不允许它成为一个纯粹的陆上国家。

不过,上面说的这种误解的产生是可以理解的。因为,在近代以后,海洋性被欧洲中心主义的叙事表述为欧洲现代性的固有属性,欧洲之外的国家和文明则被剥夺了海洋性。[①] 在近代,海洋成为重要的甚至是决定一个国家的实力和霸权的新空间后,除了欧洲

---

① Alexis Wick, *The Red Sea: in Search of Lost Space*, Oakland, California: University of California Press, 2016, p. 3.

第一章　世界主义的奥斯曼帝国

人之外，大部分东方国家的确在海上探索方面，相对显得故步自封。奥斯曼—土耳其人也不例外。但有一点不同的是，奥斯曼帝国显然处在一个地中海世界，我们可以看得到，在奥斯曼人的极盛时期，奥斯曼帝国占据了这个地中海世界相当大部分的沿岸地区和重要岛屿，尤其是在中部和东部地区。在这样一个被认为是海洋文明发祥地的世界中，红海、黑海都是奥斯曼帝国事实上的"内海"，地中海大部分是其势力范围，在这样的情况下，奥斯曼帝国不可能不去关注和发展海洋事业。

另外，地中海的形势有一个显著特征：南北窄，东西宽，它往西只有一个出口，也就是直布罗陀海峡，且这个出口很窄；但是，地中海世界也足够宽广，它容纳了欧洲海上军事强国的传统力量，最强的是意大利的威尼斯，还有热那亚，当然更早的还有腓尼基人、希腊人、拜占庭帝国等等，近代还有奥斯曼帝国、西班牙等等。在地中海的东半部的周围，还有马穆鲁克、伊朗这样的陆地强国。俄罗斯崛起以后，必然要和土耳其竞争黑海，更重要的其实就是所谓出海口的问题。再往后，当然形势又变了，也就是奥斯曼—土耳其衰落了。不管怎么说，即便到今天，相对于奥斯曼帝国来说已经大大缩小了的现代土耳其，因为其所处的海洋世界的地缘政治格局，仍然必须重视发展海洋力量，因为，它始终面临着海上的重要威胁,也有来自海上的重要机遇。

(一)奥斯曼人的海洋形势概观

说到海洋,当然有很多不一样的地方,不断有哲学家也试图去理解,所谓海洋式的生存与大陆式的生存有何区别;① 从基础的条件来说,海洋是一种技术性的生存,而大陆是一种本能式的生存。在人类走出海洋、进化了以后,人类已经无法在海洋里作为一种生物自然地生存了。所以,在人类从大陆再回到海洋之后,就必须发展出一些技术,而大陆上的生存对技术的要求相对来说比海洋要低一些,因为海洋的风险要高很多。另外,海洋上的生存是流动性的,从航行的角度来说,海洋式生存颇类似于大陆上的游牧民族,游牧人生活的草原或沙漠,往往也被说成是绿色或黄色的"海",他们"游牧"的方式不同。海洋式的民族不会像定居农业民族一样固定在一个地方,因为除了渔业之外,海上的生存主要是商业,所以他们生活的半径更长、视野更加宽广。海洋秩序有着不同的规则,需要的人也不同。正所谓"海门以出,洞沫粘天,奔涛接汉,无复崖埃可寻,村落可志,驿程可计也""那些没有出洋经历的人,只会把海洋看做一

---

① 刘小枫选编:《施密特与政治的现代性》,魏朝勇等译,上海:华东师范大学出版社,2007年,第21—23页。

个充满危险和无序的混乱空间"。① 对海洋式生存来说，如果一个地方出现了困难和问题，它也不会老死在这个地方，还会去其他地方，这就是殖民。这部分地是为了缓解人口增长的压力，在北非、地中海岛屿、小亚细亚等地，古希腊就有许多殖民地。当然，这和后来说的近代殖民主义还不一样。这大概是海洋式生存的一些特点。

地中海周边的一些民族，确实存在海洋式生存的传统，这个传统对他们的民族文化和政治文化产生了深远的影响。从其他方面来看，像东亚地区的中国，应该说主要是大陆式的生存，俄罗斯主要也是大陆式的生存，这是一种民族特点；从起源上来说，奥斯曼—土耳其确实也不是威尼斯、热那亚、希腊这样的海洋民族，它没有一个很深厚的海洋传统。但即便如此，在早期关于奥斯曼人祖先的追溯上，也有一种说法，虽然未必靠谱，就是认为奥斯曼家族的祖先起源上也可能是海上的海盗之类的人。这样说起来就非常奇妙了，因为关于奥斯曼人的起源有不同的说法，比如，有皈依伊斯兰教的欧洲人起源说，有内陆亚洲游牧民族起源说，还有一个就是海盗起源说等等。海盗起源说似乎是最少被提及和讨论的。为什么会这样呢？这可能也跟一种近代的西方中心主义的叙事传统

---

① 〔加〕卜正民：《哈佛中国史3——挣扎的帝国：元与明》，潘玮琳译，北京：中信出版集团，2016年，第254—255页。

有关,那就是现代性的重要组成部分就是海洋性,但现代性只属于欧洲,海洋性在传统上也就只能是欧洲性的一部分,没有自发地产生现代性的东亚、俄罗斯或伊斯兰社会就只能是陆地性生存。这个问题,我估计跟强势的欧洲中心主义的叙事是有关系的。不过,为什么会产生奥斯曼人的海盗起源这种说法呢?大概是跟奥斯曼人比较早就拥有了加入他们团队的海上力量有关系,在众多的小亚细亚的诸侯国中,奥斯曼人是其中较早跨过海峡到欧洲去的,所以,它应该有一支相对基础性的海上力量。另外一点,奥斯曼人所占据的地盘处在布尔萨、小亚细亚西北部分的地理范围,而这里是具有漫长的海洋生存经验的地区,它跟拜占庭人、希腊人有很多密切交往和合作,因此,奥斯曼—土耳其人对海上的生存和战斗的方式应该比较早就熟悉了,它也可以利用各个民族的特长。作为一个起源于边疆地带的"劫掠同盟",奥斯曼集团里既有穆斯林又有非穆斯林,既有土耳其人又有非土耳其人,还有一些从拜占庭脱离出来的小公国,这些集团后来也皈依了伊斯兰教,湮没在伊斯兰的历史中,但他们是地中海—小亚细亚的本地人,对土耳其人起到了很好的补充作用。

所以,即便普遍认为奥斯曼人是来自内陆亚洲的草原民族,不习海战,也没有海洋式生存的传统,但是奥斯曼人不等于是土耳其人,或者不只是有土耳其

第一章 世界主义的奥斯曼帝国

人,他们是一个复杂的集团,集结了小亚细亚以及后来欧洲的很多成分。自1453年奥斯曼人攻陷了君士坦丁堡并建都在此以后,来自帝国各个不同地方甚至帝国之外的西班牙等欧洲其他地方的人群,比如被迫害的犹太人,也逐渐来到帝国的首都和一些富庶的港口,对帝国的手工业、商业和金融业等的发展做出了重要贡献。奥斯曼帝国皇帝往往让犹太人担任财政官吏、医生等职务,他们显然是专业技术人才;与外国人打交道的时候,所需的外语人才当然也主要是由基督徒充当的;此外,奥斯曼帝国的海上力量,也很自然地使用希腊臣民。这些问题对我们理解作为一个多元帝国的奥斯曼帝国来说非常重要。也就是说,我们不能单纯把奥斯曼理解成一个内陆亚洲和草原传统占主导的帝国,基于自身的处境,它对海洋也是有意识的。

另外一点,我们已经提到,地中海南北是非常窄的,今天大家都非常熟悉地中海东岸和南岸的穆斯林移民如何到了欧洲,造成了欧洲的难民危机和右翼政治的发展。我一直有一个观念,基督教世界和伊斯兰世界其实各占地中海的一部分,这两个"世界"或许在文明、文化和主观心理上的距离比较遥远,但是,体现在空间上的距离方面它们又是极近的,尤其是借助海峡和地中海的大小岛屿,两个世界又呈现出一种犬牙交错的状态。从阿尔及利亚和突尼斯、更不用说从摩洛哥①和的黎波里去西欧是非常容易的，地中海南岸最重要的港口当然是阿尔及尔、突尼斯这些地方，埃及以西的北非叫作马格里布地区，这个地方以及它们的腹地如果出现了重大危机，那么，很自然地，人们就会聚集在这些港口并寻找向外移民的机会，对面的欧洲并非遥不可及。历史地看，近代马格里布国家的兴起，是以突尼斯、的黎波里、阿尔及尔这几个城市的兴起为基础的，而它们兴起的背景就是后文将讨论的海盗；这几个城市是由海盗所积累的财富及其政治和军事力量所奠定的，海盗不只是掠夺财富，更会掠夺人口，比较突出的就是白人奴隶，据说历史上有上百万的白人奴隶被掳掠和贩卖到北非。当然这也没什么好奇怪的，这与当地的自然地理环境有关。

对于地中海的情况，我们至少需要以上的笼统把握。

16世纪初，奥斯曼帝国的苏雷曼大帝（1520—1566年在位）继承了一个广阔的帝国；他的父亲塞利姆一世（1512—1520年在位）帮他打下了大片的领土，其中很重要的一点就是征服了以埃及为中心的马穆鲁克王朝。这就造成了一个很重要的后果，也就是地中海的东岸、南岸的一部分进入奥斯曼帝国的版图

---

① 当然，奥斯曼帝国一直没有拿下摩洛哥。

第一章 世界主义的奥斯曼帝国

中;这些地方进入奥斯曼帝国的版图以后,当然会威胁到传统欧洲的香料贸易和丝绸之路。对于传统的地中海贸易,意大利人和西班牙人自然非常重视(在大航海以后葡萄牙人主要是绕过非洲南部的好望角进入印度洋以及西太平洋)。所以,在地中海的争夺中,就出现了这样的局面,即意大利人、西班牙人等大大小小的欧洲传统海洋强国和新兴的奥斯曼帝国之间的竞争。尽管奥斯曼国家一开始没有马上成长为地中海上的一个霸权,但是请注意,海洋贸易离不开的是港口,所以对于马穆鲁克王朝的征服,就使得很多优良的港口,无论是地中海东岸的还是南岸的,都进入奥斯曼帝国的版图。这对奥斯曼人当然是一个很重要的优势,而对别人就是威胁;与此同时,奥斯曼人也扩大了自己的视野,除了继续在欧洲扩张(当然这是一个拉锯状态)之外,如何更好地控制地中海上的海洋贸易带来的财富,就成为他们下一步要考虑的问题。而这个考虑首先就是要直面与西班牙、威尼斯这样的海上强国的对抗。所以,奥斯曼人这时候就必须去建立强大的海军,不只是为了运输人,还要能打仗,这就使得奥斯曼人的海上策略也开始转向积极进取。这个转变的目标有两个:一是对抗欧洲海军;二是建立扩张后的势力范围。尤其是西班牙在北非的扩张,更是给奥斯曼人 个很重要的刺激。

在北非,伊斯兰化已经开始了很久的时间,所以，北非主要还是由不同的穆斯林政权来控制的。1516年，在奥斯曼人征服马穆鲁克王朝之前，阿尔及尔就曾经向后面我们要提到的海盗"巴巴罗萨"兄弟伸出橄榄枝，希望他们帮助阿尔及尔这个政权来对抗西班牙人的扩张。海盗兄弟来了之后，不光帮助他们对抗了西班牙人，最终还把当地政权废掉了，然后自立为王。这样的情况下，他们有了重要的根据地，就既可以自己独立生存，又可以根据形势相时而动。海盗们的视野很宽广，他们做了权衡。从各个方面来说，他们认为加入奥斯曼帝国对自己来说非常有利，所以就接受了奥斯曼帝国的册封，进而把自己控制的地方变成了奥斯曼帝国的一个省。

当然，这对奥斯曼人也是一个很好的机会，因为它没费力就把马格里布地区变成了自己的新领土，奥斯曼人对当地有很好的控制；另外，阿尔及尔作为一个基地，也可以非常有效地威胁意大利和西班牙，所以，对奥斯曼人来说，海盗带来的阿尔及利亚就变得非常重要。

（二）征服罗德岛

苏雷曼大帝在北边跟匈牙利人作战。他拿下贝尔格莱德以后，在围攻中欧的维也纳之前，曾有一段空闲时间，他打算利用这一时间进行地中海上的扩张。

第一章　世界主义的奥斯曼帝国

海上扩张的一个重要目标,就是靠近今天土耳其本土的罗德岛,当然今天这里属于希腊而不是土耳其共和国。顺便说,土耳其建国前,在国际会议上进行领土划分的时候,是很不利的,基本上希腊的国境线快划到土耳其的家门口了,大家今天也可以理解,为什么欧洲难民危机时希腊人那么难以控制自己的边境,大大小小的岛屿的确是太难管理了,从叙利亚来的难民船贴着这个方向进入希腊和欧洲是很容易的。

我们要说的,就是1522年奥斯曼帝国征服罗德岛的问题。这是奥斯曼帝国一系列海上扩张的模板,也是非常重要的一个转折点,因为这意味着在地中海东部,奥斯曼人开始确立其霸权。

在当时,罗德岛实际上是由十字军的后代所控制的一个岛屿。在这个时候,十字军已经是很久以前的事情了。到1522年,十字军已经有四五百年的历史。此时,罗德岛被所谓圣约翰骑士团占据。他们是怎么来的呢?简单来说,十字军的出现是因为欧洲人想拿回圣地耶路撒冷,它其实是犹太教、基督教和伊斯兰教三大教共同的圣地;7世纪中期,耶路撒冷被穆斯林征服以后,实际上基本上一直控制在穆斯林的手中。随着欧洲形势的发展,欧洲人后来出现了十字军运动,以前叫"东征",但是我们的教材现在一般叫"东侵",汉语里的"征""侵""伐"都是有特定对象的,需要注意这种用词。十字军也是由多个国家的人共同组成的，他们之间也有联军。其中有一帮人是给朝圣者和后来的人提供医疗服务的，也就是说，如果要去耶路撒冷朝圣，无论是在耶路撒冷，还是在路上，都是要有医疗服务的。有一支得到意大利人资助的医疗队，因为驻扎在圣约翰教堂旁边的医院里，所以被叫作圣约翰骑士团，又叫医院骑士团。之所以有这样的名称，是因为这批人后来就转变了自己的功能，从医疗队变成了一个军事的骑士团体，这是他们简单的出身情况。这支十字军的团体在当年其实是很厉害的，到第三次十字军运动的时候就已经变成了强大的军事力量。

当然，穆斯林的力量也有一个此消彼长的过程。在13世纪末，马穆鲁克人把地中海东岸的医院骑士团这批十字军的后代打败、赶跑了。最后，他们坐船跑到了罗德岛，把罗德岛攻占了。其实，当时也没有什么强大的力量在这里。医院骑士团的后代由此就占领了罗德岛，将其变成一个军事基地，这也是他们日常生活的据点。随后，他们半商半盗地发展。其实，海盗并不都是靠抢的，往往条件好的时候他们也经商，条件不好的时候主要靠抢。当然，在我们讨论的这个时期，他们主要战斗的对象就是奥斯曼人，奥斯曼人虽然此时还没有成为海上强国，但他们在地中海也有很大的商贸利益，只是经常被罗德岛的这些医院骑士团的人骚扰和劫掠。这对奥斯曼人来说当然是一个耻

第一章　世界主义的奥斯曼帝国

辱。其实，早在 1480 年的时候，奥斯曼人就想去征服罗德岛，结果是大败而回，后来也没有工夫去管它了。

到苏雷曼大帝的时候，这样一个大的帝国的扩张运动，自然地会波及小小的罗德岛，奥斯曼人要想在这个地方确保自己的海洋霸权，就必须把罗德岛拿下。所以，在攻陷了贝尔格莱德、相对稳定了在中欧地区的局势以后，苏雷曼大帝就把目光转向了罗德岛。当然，罗德岛并不好攻占，因为越是小而精的地方，越是易守难攻。十字军的后代在岛上按照国别来源划分，比如英国、法国、西班牙等等，防守不同的方向，当时罗德岛被称为基督教世界最坚固的堡垒。在得知奥斯曼帝国的苏雷曼大帝正在进行战争和军事动员、想要征服罗德岛的消息以后，这帮人就觉得很危险，毕竟奥斯曼人现在这么强悍，圣殿骑士团的人就到处去求救，然而，基本上也没有人帮助他们；这很像当年奥斯曼人攻占君士坦丁堡的过程，希腊人当时也是到处求救、等待援军，但是，没有人来。罗德岛的形势也是类似，他们开始到处求救，结果最后还是靠自己。

关于奥斯曼帝国的兵力，包括后勤，苏雷曼大帝一共动员了十万人，过了一个月之后，他也御驾亲征。在 1522 年，奥斯曼人从达达尼尔海峡的加里波利出发，到了罗德岛，十万人把岛围起来攻，企图困死罗德岛。但是，圣殿骑士团准备也很充分，围攻者耗的时间很长；罗德岛当时只有六千多人，有身份、能打仗的骑士也就是七百多人，剩下的都是老百姓，所以，此时面对土耳其人的进攻，圣殿骑士团要防备的是百倍于自己的军事力量，如果纯粹从军事力量对比来说，实力相差过于悬殊了。

到苏雷曼大帝的时候，攻占城堡的技术也和攻占君士坦丁堡时很像，就是对城墙发动炮击，往城墙上发射燃烧弹。但是，奥斯曼人在攻城炮战之后，发现这效果不太明显，虽然城墙被打出了一个缺口，但防守还是很有效，于是，奥斯曼人又尝试使用地道战的方式，从岸边往前挖，推进到人家的城根底下。当然，圣殿骑士团也有很好的办法来对付土耳其人，后者死了很多工兵，结果是炸塌了一段墙，步兵就上去攻击，但没有成功攻入，因为这个地方恰好属于英格兰的骑士防守，英格兰骑士打仗很猛，双方打攻防战好几次，死伤惨重，最终土耳其人还是被击退了。

一个多月过去了，土耳其人发现这个本来以为可以轻而易举拿下的地方居然这么难打，于是士气开始低落，当年在攻占君士坦丁堡的时候也有过这么一段类似的时间。

9月下旬的时候，间谍战开始发挥作用，罗德岛的间谍告诉土耳其人，最好去打西班牙人守的那一段，那里比较脆弱。刚开始打的时候，土耳其人确实

第一章 世界主义的奥斯曼帝国

感觉挺容易,但是经过一个反扑,土耳其人又被击退了,苏雷曼大帝很生气,换掉了前线的司令;攻城战一直打到 10 月份,对守城者来说当然耗费很大,但是对土耳其人来说耗费更大,又持续了两个月,一直打到 1522 年 12 月份,双方此时都非常惨,而且进入冬天后,土耳其军中出现了流行病,军队减员很多,土耳其军队伤亡也很多,当然,罗德岛的圣殿骑士团打得也没剩多少人了。奥斯曼—土耳其人攻打这么一个老百姓和军队加起来不过一万人的罗德岛,竟然花了这么大力气,看来是非常不顺利的。

此后,双方开始和谈,苏雷曼大帝说,既然我们早晚都会赢,希望你们能够投降,投降之后我可以既往不咎,保证你们的安全。不过罗德岛的人也不是那么好糊弄的,他们有点不放心,就开始扯皮,苏雷曼大帝又生气了,又去打西班牙人守的那段城墙,最终是攻占了。然后,在 1522 年 12 月 20 日,双方又进行了和谈,主流观点认为,苏雷曼大帝还是比较仁慈的,没有把圣殿骑士团都灭了,而且允许战败的骑士们保持自己的荣誉,既不投降,也不归顺,也不杀死,而是撤走,他们就撤到了马耳他岛去了,结果对奥斯曼—土耳其人来说又留下了一个隐患。不论如何,罗德岛最终是被攻占了。当然,西方人后来渲染说奥斯曼—土耳其人很坏,说虽然圣殿骑士团投降了,但还是发生了"大屠杀"之类。攻占罗德岛是苏雷曼大帝在地中海上的一个大动作，以此为标尺，大概半个世纪以后，奥斯曼—土耳其人在地中海尤其是其中部和东部算是纵横无阻，这种情况至少要持续到勒班陀海战。

这是一个重要的开端。由此，我们需要明白奥斯曼人的海洋战略到底意味着什么。

（三）与西班牙和葡萄牙人的竞争

15 世纪刚开始的时候，奥斯曼人就和地中海的传统海上强国威尼斯进行过争夺，当然后来是西班牙崛起；虽然一开始欧洲人是各自为战的，但后来发现土耳其人太强，单个欧洲国家干不过土耳其人，欧洲人就搞了一个由教皇赞助的叫神圣同盟（Holy League）的联合舰队，多次与土耳其人发生海战，争夺非常激烈。奥斯曼人大力发展海军的第一个目标就是对付威尼斯人。当然，在武器、技术方面，威尼斯人是相对更先进的，但奥斯曼—土耳其人非常善于学习，其中一个表现就是也在船上配备最新的武器。到 16 世纪初，土耳其人已经取得了在地中海东部的制衡权，这是以夺取罗德岛为标志的。

16 世纪，奥斯曼帝国对北非和地中海东岸的控制逐渐巩固，这使奥斯曼帝国的海军有了更好的基础去对抗接踵而来的西班牙舰队的威胁；其中有一个很重

第一章　世界主义的奥斯曼帝国

要的方面,就是在罗德岛战役的时候,刚刚归顺奥斯曼帝国不久的海盗巴巴罗萨也参加了对罗德岛的围攻。不过,他要成为一个很重要的角色,还得再往后一段时间,尤其是在16世纪30年代,巴巴罗萨成为奥斯曼帝国海军总司令,此后,奥斯曼帝国的海军对威尼斯和西班牙形成了压倒性的优势,迫使威尼斯人和西班牙人结盟,即使如此,他们也没有抵挡住奥斯曼人的优势,最终还是被迫与奥斯曼人议和。

我们还要补充的一点就是,威尼斯是一个长期存在的传统威胁,但西班牙的威胁是如何出现的呢?

我们知道,大航海时代的开拓早在16世纪之前就已经开始了。哥伦布的活动是在1492年。西班牙和葡萄牙是两个相对比较小的国家,虽然他们是大航海时代的开创者。西班牙和葡萄牙处在伊比利亚半岛,这里实际上从8世纪以后就长期被穆斯林控制,是白衣大食也就是倭马亚王朝征服了伊比利亚半岛。到公元750年阿巴斯王朝取代了倭马亚王朝后,倭马亚王朝的后裔逃到了伊比利亚半岛,成为当地的穆斯林政权,控制了比较大的地盘。当年,穆斯林的势力从西边的欧洲伊比利亚半岛,一直扩展到东边的君士坦丁堡、印度,以及小亚细亚、中亚、北非、东南亚,可见,伊斯兰文明的力量是很强盛的,征服了辽阔的版图。从基督徒的角度说,西班牙北部的基督教王国发展起了长期的所谓"收复失地运动"(Reconquista),

也叫"再征服运动",其实也就是把穆斯林势力赶走,把地盘再抢回来。到15世纪初的时候,西班牙和葡萄牙就在这个过程中崛起了。

西班牙是在排除伊比利亚半岛上的穆斯林势力的过程中完成了统一,然后对外进行扩张的;这实际上跟近东的奥斯曼帝国的崛起同步。从地中海区域的视角看,在其西部,也就是在伊比利亚半岛,基督教文明实际上是扩张的,而伊斯兰势力在这里是退缩的;而在地中海东半部的大陆上,以奥斯曼帝国为代表的伊斯兰势力,也进行了很成功的扩张,所以,双方有一个此消彼长的过程。西边伊比利亚半岛上的穆斯林本来也很多,在基督徒"收复失地运动"的过程中,他们没有办法,只能退回到北非,主要是阿尔及利亚等地,这也是一个长期的过程。经过几百年,穆斯林的力量在伊比利亚越来越少。政治上,基督教势力取胜是在1492年,伊比利亚半岛上的格拉纳达,也就是最后一个穆斯林政权,最终被西班牙人攻灭。到1609年的时候,最后一个穆斯林被送上了前往摩洛哥的船只。

实际上,当西班牙人在西边扩张的时候,曾经有一段时间还与埃及的马穆鲁克王朝结过盟。他们怎么能结盟呢?主要是因为,他们都害怕奥斯曼—土耳其人的力量。在伊比利亚半岛上陷入基督教势力围攻中的穆斯林尤其是格拉纳达的穆斯林统治者,就联系了

第一章 世界主义的奥斯曼帝国

奥斯曼帝国寻求支持。可见,奥斯曼和马穆鲁克人的竞争,跨越了地中海的东西两岸,这里面存在着复杂的国际政治关系。相应地,西班牙和奥斯曼人的竞争其实很早就开始了。格拉纳达在1492年的陷落,标志着西班牙人完成了"再征服运动";到现在为止,伊比利亚南部穆斯林的统治已经延续了八百年,随着穆斯林统治的结束,西班牙人的重新统一,西班牙人在美洲发现的大量金银财宝以及在美洲的殖民,等等,都为西班牙人带来了巨大的财富,使得西班牙人迅速成为欧洲的强国,并一度称霸。

西班牙的贸易有两个方向,一个是传统的地中海贸易,一个是新开辟的大西洋贸易;往西,大西洋贸易和奥斯曼—土耳其人基本上没什么关系,而往东,西班牙人就和此时正好也在地中海东部扩张的奥斯曼帝国遭遇了。所以,这个冲突其实也是不可避免的。西班牙人的策略,就是先占领还没有被土耳其人控制的北非地区的港口,这确实也是西班牙人扩张的需要;但另外一方面,西班牙人不光是面临奥斯曼帝国的威胁,最重要的是这些地方有很多海盗,西班牙人也要反击海盗对他们的袭扰。西班牙跟葡萄牙不太一样的地方就在于,西班牙人对非洲大陆没有直接的兴趣,对新世界即美洲大陆反而兴趣更大;所以,他们对北非这些地方的应对,在我看来,确实不是全心全意的,而是不得不做的,真的是被威胁到了才去做点什么,这就是说,西班牙在这里没有特别积极主动的战略。

16世纪初的时候,西班牙在马格里布地区夺取了阿尔及尔、的黎波里等地,对这些港口进行了控制;不过,西班牙人对这个地方的控制不像海盗或奥斯曼人控制得那么牢固,主要是一种临时性的行为。甚至当地港口生存所需要的基本物资,都是从西班牙本土运来的,所以,他们对当地港口的腹地也没有进行很好的管理和控制。而之后,奥斯曼人开始和西班牙人互相争夺,奥斯曼人借助海盗顺利地控制了北非的港口,西班牙人失去了这些港口,这些港口就变成了奥斯曼人的军事基地。

奥斯曼人在16世纪后期也经历过两次失败,先是远征马耳他失败,后来是在伯罗奔尼撒半岛北部的海湾勒班陀海战的失败。但是,奥斯曼人在其他大多数时候还是比较成功的。下文先讲勒班陀的情况,再说海盗的情况。

苏雷曼大帝以后,奥斯曼帝国还是保持着在地中海上的优势,但在1571年的时候达到顶点,当年奥斯曼人征服了塞浦路斯,确保了从开罗到伊斯坦布尔航线的安全;塞浦路斯的丢失,让欧洲人尤其是威尼斯人特别恐慌,因为土耳其人现在已经把地中海上的生命线都抓在手里了,于是双方就在勒班陀进行了一场海战,这个海战实际上就是欧洲联军对抗奥斯曼人,

第一章 世界主义的奥斯曼帝国

如前所述,面对奥斯曼人的长期优势,欧洲人早就被迫联合了起来。勒班陀海战在军事史上被吹得很厉害,但其实没有那么夸张,它对欧洲人心理上的作用非常大,因为胜利提升了他们面对异教徒奥斯曼—土耳其人的士气,欧洲人也发现,只有团结起来,才可能战胜土耳其人。这个海战中有一个故事,就是有一个很有名的西班牙人,北京大学的校园里还有他的塑像,这就是塞万提斯(1547—1616),他参加了勒班陀海战,还受伤失去了左手,从此获得一个绰号叫"勒班陀的独手人";作为一个骑士一般的人物,塞万提斯后来在地中海上参加了多次战役,结果在回国的途中还被海盗俘虏了一次,五年之后,他的家里人才花了一笔钱把他赎回去。在当俘虏期间,塞万提斯还搞了一些创作,《堂吉诃德》里面那一段俘虏的经历,就是作者自身经历的反映。所以,塞万提斯这个名人的经历,也是地中海历史的反映,当然,由于欧洲人把勒班陀海战拔得很高,它成为古代海战史上的三大海战之一。

当然,不能说奥斯曼—土耳其人在勒班陀海战失败之后就在地中海上完蛋了,因为,土耳其人还是重新组建了海军,并进行了反攻,迫使威尼斯人签订了合约,所以,勒班陀海战对奥斯曼帝国的影响没有那么大,也不是真正的转折点。又过了一年,奥斯曼人夺回了被西班牙人无敌舰队占领的失地。所以,从攻占重要的港口据点和岛屿来说，奥斯曼人在地中海上的霸权，即使到勒班陀的时候，也是不能撼动的；直到17世纪的后期，奥斯曼人还能够跟西班牙人在海上进行竞争，奥斯曼人攻占了克里特，确保了自己在爱琴海上的制海权，18世纪初的时候，奥斯曼人还从威尼斯人手里夺取了伯罗奔尼撒半岛。尽管这个时候奥斯曼帝国已经衰落了，主要是财政困难，但还是能守得住，尤其是保住了北非的主要港口基地，从这里能继续袭击基督徒的船，北非的港口腹地比如突尼斯、阿尔及利亚、利比亚等都已经成为奥斯曼帝国的正式领土。伊斯坦布尔的苏丹派到北非的官员，也在阿尔及尔、突尼斯和的黎波里进行了管理，不过，他们主要是住在城镇里，港口腹地的事务基本还是自治的。

上面讲的主要是在地中海上的情况。

在地中海之外，奥斯曼人的主要精力集中在对付葡萄牙人上。那个时候还没有苏伊士运河，红海这边都是奥斯曼—土耳其人控制的领土，也就是说，奥斯曼帝国控制了阿拉伯半岛的大部分地区和埃及，他们在这里可以建立自己的舰队。

关于葡萄牙人的崛起，比如亨利王子、航海中心、大航海等等，我们在这里就不赘述了。结果就是，在1511年的时候，以印度的果阿为基地的葡萄牙人占领了马六甲；1517年的时候他们占领了香港的屯门；16世纪中叶，葡萄牙人已经占领了澳门。所以，

第一章　世界主义的奥斯曼帝国

这是一个海洋的时代,欧洲人在海上跑得很远。红海地区再往北就是波斯湾地区,这里其实也有葡萄牙人的势力,因为对面就是印度洋,此时,奥斯曼帝国也有向印度洋扩张的想法,因为他们控制着埃及和阿拉伯半岛,以及也门、埃塞俄比亚、亚丁湾。葡萄牙人总是在这里搅和,所以,奥斯曼人也是不放心。16世纪初,葡萄牙人到达红海的时候,马穆鲁克人的政权还在。随着土耳其人消灭了马穆鲁克王朝,组建了红海舰队,他们就进入了印度洋,而葡萄牙人也在这里占领了据点。所以,他们注定要在这里进行竞争。

双方最初都没占到什么便宜。奥斯曼人有一个计划,就是从波斯湾进入印度洋,搞一个大领土,那里有一些小的王公,他们为了反对基督教异教徒还向奥斯曼人求救过,但总体来说,奥斯曼人在印度洋的活动是非常有限的,最后,他们被葡萄牙人打败了。这就改变了奥斯曼人的海上战略,最后,他们觉得经营海洋不值得,转而局限于港口。于是,奥斯曼人对也门、埃塞俄比亚等地的港口城市进行了控制,主要是借助于港口进行海洋活动。

显然,奥斯曼人的这种做法是保守的,也就是说,它不是一个远洋的策略,而是贴着大陆搞海洋事业;所以,奥斯曼人向东部海上的扩张缺乏海上的基础,海军力量不大,也缺乏海洋方面的人才,最后,就变成了仅仅是在大陆上牵制葡萄牙人,这和欧洲人的那种长期的、有组织、有计划的海洋探险是不一样的，不管是在东地中海地区，还是在印度洋的扩张，我们都可以看到奥斯曼人在海洋上的行动有他们的被动性，和欧洲小而精的强国相比，奥斯曼人的海洋战略实际上主要是为了配合他们在陆地上的活动。他们没有努力地去发展远洋贸易和海上贸易，也没有去经营海洋事业的战略，这可能也孕育了奥斯曼人走向衰落的种子：大航海的时代和海洋的世纪已经到来，这是脱离大陆向外拓展、空间急剧膨胀的时代，但似乎也是注定了奥斯曼帝国走向落后的时代。当时，人们并没有办法预知未来，但从我们的角度看，从长远来看，应该就是这样的。

这就是奥斯曼帝国海洋事业的基本情况。

（四）海盗与北非

最后我们补充讲一下前面多次提到的海盗。

海盗和陆地上的土匪其实是相似的，河里和湖里的叫"水贼"，海里的就叫"海盗"，陆地上叫"土匪"；在人类两三千年的历史中，海盗还是很常见的，大家熟悉的维京人就是8—11世纪时活跃的北欧海盗。15世纪的大航海之后，海上运输与贸易日益发达，相应地，海盗就越来越猖獗，这也是可以理解的。地中海地区的海盗也是一种私人的地方武装。其实，这种

第一章 世界主义的奥斯曼帝国

海盗团伙里面包含了多个民族和多种宗教的信徒,基督徒和穆斯林都有当海盗的。比较来看的话,东亚的"倭寇"也包含了多元的族群。我们之前说过的圣约翰骑士团,有一些人后来也沦为海盗,1522年以后,他们以马耳他为基地。在15世纪、16世纪以前,地中海上的海盗其实还是以基督徒为主,后来崛起的是北非的穆斯林海盗。

北非海盗的出现其实有一个大的历史背景,就是和我们之前提到的西班牙的"收复失地运动"有很密切的关系。因为西班牙被穆斯林占领了好几百年,随着基督徒逐渐收复失地,这个过程中自然就爆发了很激烈的宗教—政治冲突。结果是,大量的穆斯林被驱逐和赶走了(当然还有犹太人也被赶走了)。这些穆斯林在伊比利亚生活了好几百年,他们没有办法,就只能跑到北非去定居。

在这个过程中,他们对西班牙人尤其是西班牙的基督教政权,自然是充满了仇恨的;后来,实际上是奥斯曼帝国出手帮助过来自伊比利亚半岛的穆斯林难民,给他们土地,进行安置。有一种学术观点认为,这些从北边来的很多难民实际上素质很高,他们高超的文化水平、建筑技术、管理技能都为北非伊斯兰文明的发展做出了很重要的贡献。

一方面,被驱逐的伊比利亚半岛的穆斯林憎恨西班牙人,另一方面,有些人也想着要进行报复。所以，在15世纪末、16世纪初的时候，北非的穆斯林对西班牙海岸发动过多次报复性的攻击，在格拉纳达还没有陷落的时候，他们就和格拉纳达的穆斯林形成了呼应，当然，最终他们也失败了，没有打回去。结果，在这个过程中有一批人沦为海盗，他们的主要目的是劫掠西班牙人的商船，并报复西班牙人。当然，还有一些人成为职业海盗，在北非的地中海岸边的港口，比如突尼斯、阿尔及尔、的黎波里这些位置很好的地方（这些位置几乎可以说是为海盗所准备的天然港口）盘踞，而且，这些地方长期以来都是由一些当地的弱小统治者控制，他们根本对付不了海盗，甚至还可能被海盗灭掉。此外，还有一些人在摩洛哥的大西洋沿岸也占据了地盘，这些人很快成为职业海盗，袭扰欧洲沿岸，劫掠欧洲人的船只，掠夺战利品。海盗也致力于掠夺白人奴隶。这是司空见惯的。白人奴隶后来被称为所谓"白色的金子"，足以说明其获利之高。这些白奴大部分都融合到了当地人口当中去。[①]16—18世纪，有上百万的欧洲白人被掳掠为奴，更不用说还有大量财富和物品被掠夺。西班牙人对这些海盗很头疼。很早之前，就有一个英国作家写过一本书叫《西班牙摩尔人和地中海巴巴里海盗的故事》，这

---

① Giles Milton, *White Gold: The Extraordinary Story of Thomas Pellow and North Africa's One Million European Slave*, London: John Murray, 2005.

第一章　世界主义的奥斯曼帝国

书是一百多年前写的，文笔非常好，是了解这段历史的重要材料，已经有中译本。①

对奥斯曼人来说，他们其实主要利用北非海盗和欧洲人进行竞争，同时利用他们来控制北非的港口；简单来说，奥斯曼人的做法是把当地原来就存在的海盗，以某种形式纳入奥斯曼帝国的体制内，把他们"institutionalized"（制度化）。实际上，在历史上，海盗集团和很多不同国家的政权都有这种类似的关系。如果国家能力弱，管不了他们，就只能听之任之，有的时候干脆就进行官方的认叫，毕竟海盗属于非法行为，一些弱的地方政权就干脆跟海盗合伙，把海盗合法化，比如发放许可证，于是，海盗也就成了当地政权的合伙人。欧洲很多政权也给海盗发过许可证，当然，条件是他们只能袭击敌国的船只。荷兰、法国、西班牙等国的王室都曾经利用海盗给敌国制造麻烦。他们一致要消灭海盗，其实要到18世纪、19世纪才开始。

在这个过程中，巴巴罗萨兄弟俩就在北非先找到了合伙人，他们每次抢劫完，回去之后一定比例的战利品归当地统治者所有。大部分情况下，他们抢劫的是基督徒的船只，还会劫掠基督教社会的海岸村庄、港口和城市，做法和倭寇差不多。这些劫掠行为让这

---

① 〔英〕斯坦利·莱恩—普尔：《西班牙摩尔人和地中海巴巴里海盗的故事》，张炜晨、李珂译，北京：台海出版社，2019年。

些人名声大噪，和现在的恐怖主义组织是相似的。"事业"做大了之后，很多有野心的人就会想要投入他们的名下，一起"干大事"。当年，巴巴罗萨兄弟还干过一件大事，类似于今天的难民解救行动，当时，穆斯林被西班牙人从伊比利亚赶走，在这个过程中，巴巴罗萨海盗还派了一些船，把穆斯林从西班牙撤到北非，所以，当时他们也因此获得了很高的声望。

巴巴罗萨兄弟俩中的哥哥，后来被西班牙人打死了，弟弟巴巴罗萨·海雷丁后来就成为奥斯曼帝国著名的海军将领。实际上，兄弟俩和奥斯曼人的合作从苏雷曼大帝的爸爸、也就是塞利姆一世的时候就开始了。1518年，塞利姆一世就接受了兄弟俩称臣，册封他们做当地的地方官，给了大约一千人的禁卫军，允许他们合法地招兵买马，给钱财、给船。奥斯曼人的目的很清楚，只要海盗能够帮助他们收拾西班牙人就行，所以这个合作是双赢的。经过这个转型，海盗就算是主动被"招安"了，他们就成为奥斯曼帝国体制内有"编制"的人，不再是一个非法的私人武装，而且，对海盗来说，奥斯曼帝国这个"东家"也足够强大。通过海盗，奥斯曼帝国就把北非重要港口变成了他们事实上的海军基地，海盗积累的大量财富也促进了这些港口的发展。

1538年，巴巴罗萨率领奥斯曼舰队击败了意大利、西班牙等国的欧洲联合舰队。从此之后,他们就在地中海一枝独秀,这是巴巴罗萨最辉煌的时代。历史上也把这个时代叫做大海盗的时代,后来,还有三四十年的时间,可以说巴巴罗萨是所向披靡的。巴巴罗萨死后,他培养的海军将领继续延续他的能力和能量,突尼斯这个地方还多次被西班牙人和奥斯曼人抢来夺去,西班牙人还发动过对阿尔及尔大规模的远征,可见这里的威胁有多大,后来因为风暴,西班牙人的远征失败了。然后,奥斯曼人又夺取了西班牙人控制下的的黎波里。

历史上,袭击地中海北部的西西里、意大利的主要基地,就是从这些由海盗控制的北非港口出发的。当然,海盗们做大了之后,背后也有了奥斯曼人的支持,欧洲有一些野心家觉得和北非海盗合作能挣大钱,就有人暂时皈依伊斯兰教,加入了北非海盗,一起去抢基督徒的财富。然后,等这些人拿了钱,有的又改宗回去变成基督徒。这种情况也是有的。

总之,在这个时期,西班牙人、奥斯曼—土耳其人和他们的海盗盟友们进行了互有胜负的斗争。但是,到1580年,他们觉得斗来斗去对彼此都没好处,就签订了合约,希望维持现状。到1583年,西班牙人吞并了葡萄牙。1588年,还出了一个大事,就是英国人打败了西班牙人的无敌舰队,当时英国的指挥官其实也是海盗出身,西班牙从此走向衰落,就逐渐放弃了对北非的野心。这样，海盗出身的人就成为北非地区主要的领导者。而且，在这个时候，他们日益深入地被纳入奥斯曼人的体制中。

到16世纪后期，除了摩洛哥，北非大部分领土已经成了奥斯曼帝国的行省，比如阿尔及尔、突尼斯、的黎波里；奥斯曼帝国借助海盗打下的基础，对北非领地进行了不是非常严密的控制，意思就是，奥斯曼帝国中央的权威也不寻求对当地的所有领土进行辐射，他们主要控制了沿海地区，尤其是有重要的经济和战略意义的地区。港口的内地还是柏柏尔人、阿拉伯人部落的所在地，奥斯曼人的控制主要限于沿海地区。这些地方在奥斯曼帝国的统治下维持了几百年的稳定。奥斯曼帝国的这种控制模式对当地精英来说也是有利的，他们可以继续纵容和支持穆斯林的海盗与北方来的基督徒海盗进行竞争。这几百年来海盗积累的财富是北非现代国家能够兴起的基础。可见，奥斯曼人和海盗的关系，对北非的历史影响是非常大的。

实际上，北非海盗有时候也会袭击奥斯曼人的商船，但主要是给西方人造成了巨大的威胁。海盗毕竟是双刃剑，不是那么好控制的。18世纪后期，美国诞生之后，美国海军为了保护自己的商业利益，也卷入打击地中海海盗的事务中；直到19世纪，欧洲人才算控制住了北非海盗，但是，也不能说完全消灭了。进

第一章 世界主义的奥斯曼帝国

入 21 世纪,我们不是还能看到海盗嘛。

总之,要讲奥斯曼人的海洋事业,我们涉及两个重要线索:一个是官方海军对地中海岛屿进行的控制和争夺,以及利用沿海港口进行军事和商业活动;另一个就是利用海盗,将北非地区作为基地,和基督教世界进行竞争,以及后来逐渐把这些地方纳入政治统治的范围。

从历史与叙事的角度来说,关于奥斯曼帝国海上事业历史的叙事,往往被某种西方中心主义史观所主导,这种史观的核心在于,把海洋属性视为欧洲的尤其是现代性的专属,而奥斯曼国家被视为伊斯兰国家,欧洲人的长期观念是,伊斯兰和海洋是不相融的,作为伊斯兰国家的奥斯曼帝国的专有属性是陆地的,欧洲人认为,奥斯曼帝国这个陆上帝国的经济哲学,主要就是确保一些核心地区或部门的供应,比如说首都、军队、国家官僚体系等,所以,被认为和海洋有关的、资本主义性质的东西,都和奥斯曼帝国没关系。另外一种研究思路就是,不再把欧洲的所谓现代性及海洋性视为历史的唯一评判标准,而是主张如其所是地研究奥斯曼帝国的海洋观念与海洋事业,致力于揭示其中的历史合理性。[1]

---

[1] 对此问题进行了详细讨论和批判性研究的是 Alexis Wick, *The Red Sea*: *in Search of Lost Space*。

四、帝国史的书写

（一）奥斯曼帝国衰落论

1

诚如一位德国裔的奥斯曼史家曾经说过的，大部分关于奥斯曼帝国历史的单卷本通史作品，都是由非该领域的专家写给非专业人士看的。我想，这可能是很多领域都有的特点。因为对于那些专业的史家来说，他们可能有的是如下这样一种观点：

> 在今天西方，写通史不是什么了不得的事情，那根本是教科书。一般专家不大愿意写教科书，这是服务性质，而且你不可能在研究的每一个方面都是专家，要了解其他专家的意见。一般写通史几年后就要修改了，知识进步了，又要重新来过，写得再好，没有超过十年二十年的。总而言之，通史不是大事情，得不到太大的重视。在西方写通史的动机大概有两个：第一，写得好的话，市场大，可以拿到很高的版税，就发大财了，还可以设立基金会。第二，能综合一切历史知识写出一部大多数人接受的长篇叙事，这也是一种创造，给人满足。但一般而言，写通史不算

原创性的贡献。①

的确,通史写作主要是要去消化别人的作品,也要花费很长的时间和很大的精力,再者需要用自己的语言去组织,当然最好是能够引人入胜,还要卖得好。

其实,通史写作不一定都是通俗的作品,比如《剑桥中国史》就是分专题来写的,《剑桥土耳其史》也是如此,也有四大卷。《哈佛中国史》则稍微不同,但你也不能把它归为通俗类作品,对于专业学者来说,看看也很有收获。从专业史家的角度来说,可能写通史作品往往是得不偿失的吧(个别变成畅销书的或许除外)。但对于一般读者来说,这类书又是非常需要的。所以,哪怕经常得不偿失,出于公益之心或知识人的责任感,专业史家为一般读者写一部本领域的通史,应该说还是值得鼓励的。

2

帕特里克·贝尔福(1904—1976)早年毕业于牛津大学,更多以"Lord Kinross"而闻名。他算不上是一个专业的奥斯曼—土耳其史家,但是一个重要的历史方面的作家,尤其是在中东领域,他写过多本著作,而我本人对他写的土耳其国父凯末尔的传记更熟

---

① "余英时为什么不写通史?"参见 https://new.qq.com/rain/a/20190410A08SPY,2022 年 1 月 1 日。

悉，这本书在土耳其也很畅销。大部头的《奥斯曼帝国六百年》，是在他去世一年后（1977）才出版的。

《奥斯曼帝国六百年》这本书内容非常丰富，中文版有近800页，带有很典型的讲故事式的叙事风格，细节也很多，语言也比较生动，在关键地方往往还有点睛之笔，可以说是其主要优点。

要想一般性地了解奥斯曼的历史，阅读《奥斯曼帝国六百年》这本书应该是很好的体验。书里面涉及600多年奥斯曼帝国历史上的重要史实，尤其是从政治、军事和外交史的角度来说，奥斯曼帝国历史上最重要的事情，比如君士坦丁堡的陷落、围攻维也纳、争夺地中海、俄土战争、拿破仑入侵埃及、欧洲大国外交、克里米亚战争、穆罕默德·阿里的挑战、19世纪的改革、青年土耳其革命、第一次世界大战，等等都有涉及，而且往往铺陈得很详细。

从他所依据的资料来看，主要是英文和法文，有一些是西方人早期的历史记载，还有一些是历史学家的著作。当然，从阅读的体会来说，《奥斯曼帝国六百年》这本书更令一般读者感到亲切，里面有很多轶事。有些取材自爱德华·吉本的名著《罗马帝国衰亡史》（Edward Gibbon, *History of the Decline and Fall of the Roman Empire*, London, 1782—1788），尤其是关于君士坦丁堡的陷落，他主要援引了吉本。关于奥斯曼帝国的近代史，贝尔福更多的是援引了著名的中东史

第一章 世界主义的奥斯曼帝国

大家伯纳德·刘易斯的名著《现代土耳其的兴起》,当然这也使其不可避免地戴上了刘易斯的眼镜,今天刘易斯的作品已经被大多数学者当成了错误的或过失的范式的代表。

不过,哪怕只是一部以政治史为主的作品,贝尔福对内容的强调和剪裁也体现了他的某些偏见。奥斯曼帝国与欧洲、俄国和东欧巴尔干地区的关系在书中占据了最大的篇幅,但其与伊朗、阿拉伯地区的关系,则基本上从略处理。近代以来的部分,英国在伊斯坦布尔的影响、英国与俄国的关系,也给予了较大的比重。西方学者的奥斯曼帝国史研究,当然会在与欧洲有关系的部分产生最为丰富的成果,一来资料方面他们相对更为熟悉,二来奥斯曼帝国崩溃以后,从后帝国时代的非奥斯曼、非上耳其、非伊斯兰角度来书写历史,也符合欧洲尤其是巴尔干地区的精神状况。

关于1517年奥斯曼人征服阿拉伯,贝尔福竟然只用了不到两页的篇幅,考虑到征服阿拉伯不仅大大地扩张了奥斯曼帝国的领土,而且对后面数百年奥斯曼帝国的历史具有极为重要的意义,这种剪裁有点儿让人感觉匪夷所思,而他写对罗德岛的征服时则用了3页多的篇幅,对比起来就显得特别避重就轻。他会用整整一段话描写一个不太有名的17世纪的欧洲将领,却只字未提同时代的奥斯曼帝国的宰相,而这宰相可是拯救了奥斯曼帝国的人。

这些情况让我们不得不说贝尔福还是一个典型的欧洲中心主义者，虽然他不是以西方为中心来书写奥斯曼的历史。还有一些对史实的评论，也让他显得不像是在20世纪的后半期写作，比如尽管他承认匈牙利人也屠杀了穆斯林，但他会话锋一转说可怕的土耳其人是更为恐怖的。

这部《奥斯曼帝国六百年》基本上算是通俗性作品，但可能因为研究对象的时空范围都比较大，所以部头也很大。对于一般的读者来说，通读下来也是一个很大的挑战了，再者说，其涉及的时代和主题既多又大，怎么样才能更好地予以把握呢？其实，我倒觉得这本书有一个比较好的读法，就是先读"序幕"和"后记"，后记部分是作者对整部书的提纲挈领式的总结，而且也是按照时间顺序来讲的，对于把握奥斯曼帝国史的基本特点，还是很有帮助的。不过，有一个问题在于，整本书一共七个部分、四十章的内容，除了七个部分各有小标题之外（"帝国的黎明""新拜占庭""帝国之巅""衰败之种""死敌俄罗斯""改革的时代""末代苏丹"），其他四十个章节竟然都没有小标题，虽然我们事先知道他是按照时间线索叙述的，但毕竟全书有这么大的篇幅，对于读者的阅读体验来说还是不太好。

3

作为出版于1977年的通史作品，它反映的必然是

第一章 世界主义的奥斯曼帝国

到那时为止人们对奥斯曼帝国史的主要认识趋势以及时代特征。如今,近半个世纪过去了,这个领域发生了很多变化,下面我想就这个方面简单谈一谈,因为我本人并不专治奥斯曼帝国史,所以也只能挂一漏万地笼统讲讲。

首先,通读《奥斯曼帝国六百年》这本书,我们可以发现,作者基本上关注的都是帝王将相、大国外交、地缘政治等宏大主题和叙事,除了第八章简单地介绍了奥斯曼帝国的制度之外,对于社会生活、女性、艺术、地方状况等等,鲜有涉及,这也是其不同于现在的历史书写的典型特征。比如,在后面要介绍的日本学者林佳世子的《奥斯曼帝国:五百年的和平》一书,这本书因为完成的时代较近,基本上反映了新的史学潮流,比如环境史、全球史、女性史、艺术史、经济史、地方史等方面的进展。另外,她也大大地压缩了传统的政治史、军事史和外交史的内容,那些军事、政治的过程和帝王将相的故事,基本上只是概述一下,细节很少,而如果非要讲,也往往会换一种角度,比如更多地关注叙事视角的多重转换,其在不同时代原始的文学作品中的反映等,提供很多鲜活的史料,这样读来就很有新意,这大概就是新时代专业史家写的通史的特点吧。

对比来说,《奥斯曼帝国六百年》一书尽管篇幅明显多于林佳世子的书,但内容显得比较古板,尤其是难以满足现在人们对新知的需求。

其实,关注帝王将相、外交、军事等内容是传统史学和近代史学的普遍特点,奥斯曼帝国史如此,中国史也是如此,西方史基本上也是如此。而后世史学研究范式的变化,几乎也是同时发生的(关于中国史书写的发展情况,可以参考葛兆光教授为《哈佛中国史》中文版写的推荐者序)。欧洲人关注和研究奥斯曼帝国也很早,毕竟奥斯曼人给欧洲带来了巨大的冲击。在欧洲,至迟在 17 世纪就已经开始出现对奥斯曼帝国历史的研究和书写了。政治史是他们最先关注的话题,这是完全可以理解的,因为他们最先感受到的就是这些东西,所以奥斯曼帝国的军事和政治管理体制当然是欧洲人想搞清楚的。

实际上,后世新史学的发展也并不能轻易地取消政治史和军事史的有效性,也就是说不能轻松地将他们打发进过时的早期学术史就可以了,相反,那是我们能够进一步理解奥斯曼帝国的基础。当然,现在也可以有历史研究者不用懂政治—军事的历史,甚至连帝王将相的名字都不用搞清楚,比如研究物质文化、环境变迁、物种交换,等等。但对一部通史来说,离开传统政治、军事的历史是不容易的,尤其是对于当下的中国学界来讲,有一些基本的问题还需要重新梳理,中文学术的基础还有待建立,而且不同时代的史学范式之间不一定就都是互斥的,即便是在旧的政治和军事史料中，除了对于确切年份的考据、成败得失的计算，也可以发现新的内容。比如，在奥斯曼帝国与中亚关系的研究中，奥斯曼—土耳其文的史料虽然不算少，但并不足以支撑起一个传统外交史意义上的研究，也就是并不够重构历史。在这种情况下，若我们的关注点从重构具体史实转换到对当时世界观、宗教联系的研究，这些史料反而显得更为有用，因为提问的方式变了，材料就又变得鲜活了。

所以，我不赞同那种传统政治史的叙事已经过时了的观点，因为传统政治史仍然有很多内容需要去探讨，也需要转换角度来进行思考，比如近年来也开始提倡将政治史和社会史相结合。

4

传统奥斯曼史学过于关注军事，也造成了一种历史的偏见。就是西方学者认为在16世纪时，奥斯曼帝国的军事扩张达到顶峰之后就陷入了长期的衰落（decline）。当然，谈论衰落的并不只是外国人，奥斯曼自己的编史者也常有这种论调，但奥斯曼人这么说往往是出于现世政治的需要或发个人的牢骚。

西方人对于奥斯曼帝国的"衰落论"，一是受到了上述奥斯曼编史家的影响，也部分地受到了爱德华·吉本的影响。但这种范式不利于深入理解16世纪以后的奥斯曼帝国史。《奥斯曼帝国六百年》一书非常典型地反映出"衰落论"的影响，它的第四部分就叫"衰败之种"。我们不妨具体来看看。

作者说，16世纪的苏雷曼大帝代表着奥斯曼帝国的顶峰，但这也是分水岭。虽然之后有过短暂复苏的曙光，但奥斯曼帝国整体上一直处于不可逆转的衰落之中。"就在他伟大的成就之中，暗藏着终将带来衰败的祸根。继承他衣钵的后代都将是远逊于他的人——既不是征服者，也不是立法者，亦非政治家。奥斯曼帝国的巅峰突然成了一座分水岭，一座山峰的顶点，整个帝国的命运缓慢而不可避免地沿着山坡下滑，进入衰败的深远，并走向最终的消亡。"

"索科卢的遇刺身亡拉开了奥斯曼帝国长期衰落的大幕。""就这样，奥斯曼帝国很快就进入了漫长的衰落期，这种衰落直接体现在苏丹权威的下降和政府机构的弱化上。苏丹个人权威的下降要归咎于他个人对国事缺乏关注；而政府机构的弱化，则缘于对政府责任的忽视和分解，以及对制度原则的漠视。"

随着军事扩张到了极限，苏丹也日益无能，行政经验和军事经验丧失，沉迷于后宫，而西方的工业和经济实力迅速上升，军事技术不断进步，奥斯曼人跟不上，就只能转为守势。"从奥斯曼帝国崛起之初，在欧洲进行领土扩张就一直是这个国家运转的主要动力，而现在，奥斯曼帝国已经既没有足够的土地资源，也没有足够的生产能力去支撑进一步的领土征服了，而这也是导致其衰落的部分原因。多少个世纪以

第一章 世界主义的奥斯曼帝国

来,战争都为奥斯曼人提供了一个共同的目标,并且给他们带来了财富——不仅是战利品,还有可以用来移民的土地。而现在,他们缺乏塑造共同目标的机遇,也缺少获得新的财富的机会。既然没有了可供劫掠的敌人,那么他们就只好相互倾轧;既然没有了新的土地,他们就只好蜂拥挤进城市里面,或在乡间散播混乱。"

"从此以后,奥斯曼帝国在与欧洲的关系中主要凭借的就不再是武力,而是外交手段了。曾几何时,凭借着宗教上的冲动和战场上的勇气,新月还可以梦想彻底击垮十字架;而随着最后一名圣战士马德·阿里在彼得罗瓦拉丁被熟稔现代世俗战争技巧和科学的欧根亲王击败,那样令人骄傲的日子便一去不返了。从此以后,奥斯曼人意识到,他们在欧洲事务中实际上只能处于守势,而且要依赖盟友的帮助。""它不再是一个扩张中的国家,而成了一个收缩中的国家。"

贝尔福强调了 16 世纪开始的美洲金银造成的价格革命的负面影响,引发了通货膨胀,不过,他强调这在当时的地中海地区很常见。16—17 世纪之交,奥斯曼帝国遭遇了严重的经济危机。

在奥斯曼人人口增加的同时,出现了大量的失业情况,骑兵失去土地沦为作乱份子,地方豪强发展,农民流离失所。中央山现了过去一直可以避免的世袭特权,腐败丛生,禁卫军衰落。17 世纪末以后,尤其是面对俄国崛起,又遭遇了一系列的军事失败。18世纪以后,衰败依然在延续,到19世纪进入改革时代,经历民族主义、第一次世界大战、帝国灭亡,土耳其成为奥斯曼帝国的真正合格的继承人。

以上就是一般的衰落论的叙事逻辑。

另外,我们也需要顾及的是,不只是西方人有奥斯曼帝国"衰落论",土耳其人自共和国建立以来就有这种宏大叙事,如果我们看1930年代土耳其的历史书写,就容易看清,在一个新的共和国里,当时的学者和政治家们对奥斯曼帝国的看法。在1930年的《土耳其历史纲要》① 中奥斯曼帝国这部分的标题分别是:奥斯曼帝国的形成(Osmanlı İmparatorluğunun teşekkülü),然后就是三个分期——停滞、衰退、崩溃(tevakkuf devri, ricat devri, inhilal devri)。1931年的高中历史教科书(*Tarih*)第三卷是《新的与较近的时代》(yeni ve yakın zamanlar),执笔者是两个当时非常重要的历史学家——玉素甫·阿克楚拉(Yusuf Akçura)与伊斯玛仪·哈克·乌峥查尔舍勒(İsmail Hakkı Uzunçarşılı, 1888—1977),全书分为五章,标题分别为:奥斯曼国家的建立,奥斯曼帝国,至16世纪末的欧洲,帝国的衰退(gerilemesi),

---

① 小笠原弘幸:「トルコ共和国公定歴史学における「過去」の再構成—高校用歴史教科書『歴史』(1931年刊)の位置づけ—」,『東洋文化』91(2011):第289—309页。

帝国的崩解与灭亡（dağılması ve yıkılışı，1792—1919）。① 在"衰退"部分，又分为四小节：停滞时期（duraklama devri，1579—1682），17世纪的欧洲，退缩时期（geri çekilme devri，1683—1792），18世纪的欧洲。第五章"帝国的崩解与灭亡"分为五个小节：改革时期（reformlar devri），19世纪的西欧与中欧，干涉时期（müdahale devri），1848年革命及其后的欧洲，立宪、反动与崩解时期（meşrutiyet，gericilik ve dağılma devri）。

由上可以看得出来，一种通史性的历史叙述，如果要简洁明了，就不可能离开一种强势史观的支配，比如，西方人把奥斯曼史作为西方历史的一种陪衬，把持续衰落的奥斯曼/伊斯兰与充满活力的、不断进步的西方进行对比，其中贡献最大的应该就是前面提到的伯纳德·刘易斯。

近几十年来，新的研究开始在奥斯曼史学领域造成一种新的共识，也就是大多数专业史家已经拒斥和不再使用衰落论作为叙事和解释的框架了。衰落论越来越遭到激烈批判，被认为是一个充满了目的论的、单向度的、东方主义的"迷思"，新的分期方法出现了，比如苏莱雅·法罗姬（Suraiya Faroqhi）提出了新的解释框架，她把奥斯曼帝国的历史分为建立期

---

① *Tarih*, *III*, *Yeni ve Yakın Zamanlar*, Istanbul: Devlet Matbaası, 1933。

("stage of foundation",直到1453年)、扩张期("expansion",1453—1575)、危机与稳定期("crisis and stabilizations",1575—1768)、新的危机("new crisis",1768—1830)、收缩期("contraction",1830—1918)。一般认为,这样新的分期方式反映了奥斯曼帝国史研究的新变化,即社会史、科技史、经济史、文化史和地方史的研究制约了传统的政治史的解释框架。

"衰落"这个提法的消失,一方面是很多具体研究推进的结果。从1970年代末开始,学者们日益发现衰落论造成了很多问题,尤其是把奥斯曼帝国的历史简化为崛起与衰落的简单框架,对衰落的关注使人们高估了奥斯曼的问题、低估了其力量,包括苏雷曼大帝之后仍然有很多有能力的苏丹本身也是一个史实,以往把女性主政较多的17世纪和18世纪视为衰落的表现,而新的研究则意识到她们统治和管理的成功之处,以及相应的,这一时期官僚制的发展、地方实力派的出现不再被简单视为衰落的表现,而被重新解释为一种有效的政府管理模式,中央集权不再是唯一的出发点。关于禁卫军的腐败衰落论,也不再进行简单的描述,而是认为他们很早就参与经济活动,但军事力量没有受到很大的影响,还在不断地取得军事胜利,技术上的改进也非常及时,很晚才落后于欧洲,蒂玛尔制度的衰落也被更多地解释为适应新军事技术

第一章　世界主义的奥斯曼帝国

和新经济形势的表现。经济史的研究不仅将奥斯曼帝国与欧洲其他国家进行比较，发现它们长期面临相似的问题，比如17世纪的普遍性经济危机，奥斯曼并没有很特殊的衰落问题；还发现，奥斯曼帝国直到18世纪上半期还经历了显著的增长，新航路的开辟也并没有对奥斯曼帝国产生很大的影响，到18世纪早期，传统贸易路线的贸易额依然大大高于新路线，新出现的也门咖啡贸易也弥补了奥斯曼人的损失。比较史学的发展，尤其是奥斯曼与欧洲列国的比较，也使得对奥斯曼历史的研究和解释更趋于理性平和。①

另一方面，奥斯曼史叙事和研究范式的变化其实是20世纪七八十年代以来发生的人文社会科学领域的整体变化的一部分。新马克思主义、后语言转向的社会科学、现代化研究的确提出了新的路径，但更重要的是萨义德（Edward Said）的《东方学》所代表的后殖民批评的影响。这些影响的结果主要表现为历史研究向社会史、文化史和地方史的转变，传统的政治史被边缘化，成为新研究范式的背景。对这些问题的检讨基本上可以在21世纪初出版的四卷本的《剑桥土耳其史》中看到，这应该说是代表了较新的研究成

---

① 关于奥斯曼帝国衰落论的评价，参见 Donald Quataert, "Ottoman History Writing and Changing Attitudes towards the Notion of 'Decline'," *History Compass*, 1 (2003), ME 038, Blackwell Publishing, 2003, pp. 1-9。

果和趋势。土耳其的较新版历史教科书也已经摒弃了"衰落论"的叙事范式。①

简言之,以往的政治史是以帝王将相、精英人物为中心书写的,而新史学强调的自下而上的视角,也就是给予普通人以声音,这自然需要基于对文化、日常生活和人们的世界观的微观研究,这种研究当然会呈现出帝国的多元特性,而不是政治史通常给我们梳理出的那种印象。更不用说,在全球史的意义上,贸易和商业的网络往往是跨越政治边界的,那种把奥斯曼帝国客体化为欧洲—西方对立面的政治史观和文明史观,自然会受到各种来自底层、边缘、网络研究和比较研究视角的挑战。

其实,对于学者来说,我们当然更愿意看到将传统政治史和新文化史、社会史、地方史进行整合,写出更具说服力的新的历史,就像《哈佛中国史》所做的尝试那样。实际上这是更难的,由于专题史的研究越来越细化、碎片化,对于通史写作而言,要求也自然就更高、难度也就更大了。

5

其实,贝尔福也有很多论述已经做到了很好的平衡。比如对于奥斯曼帝国崛起的论述,以往的尤其是以维特克为代表的"圣战征服论"是很典型的,尽管

---

① *Tarih*, *Lise 2*, Istanbul: Milli Eğitim Basımevi, 2011.

第一章　世界主义的奥斯曼帝国

贝尔福受益于维特克的研究，但他更加平等地将奥斯曼人视为地中海和东欧历史的一部分。16世纪以后的奥斯曼编史家们通常要把早期奥斯曼人与不同宗教、不同族群的势力的合作与融合抹杀掉，为的是勾画出一个自足的圣战者形象，并且使用更多的宗教话语来重新包装奥斯曼人崛起的历史，而早期欧洲的历史学家们也同样是在一个基督教世界与伊斯兰世界的对立中看待这个帝国的，因而，对于奥斯曼帝国真实历史的认识，就在本土和西方的双重建构中变得日益困难了。

所以，尤其需要注意拜占庭史料和奥斯曼同时代的其他土库曼人政权的史料，它们为人们理解奥斯曼人提供了更为有效的信息。贝尔福强调了奥斯曼人身边的希腊人，以及奥斯曼人并不是宗教狂热者、不强迫他人皈依，奥斯曼人与当地人容易和平相处，常见通婚和民族融合，等等。作者认为，土耳其人的使命是"继承和改造拜占庭文明"，这一点也是很好的观察。贝尔福叙述了前三代苏丹的不同使命：奥斯曼将一个民族聚拢在自己身边的酋长，奥尔罕将这个民族锻造为一个国家，穆拉德一世则是将其扩展为一个帝国。

在对兄弟会的讲述中，贝尔福引用了伊本·白图泰的记载，这是之后的史家们最惯用的资料。他也注意使用欧洲旅行者的资料。他还强调奥斯曼人进入欧洲是"被邀请来的",提到巴尔干农民欢迎奥斯曼人,因为奥斯曼人给巴尔干农民带来了好处,包括法律和秩序的重建,等等,这些叙述都将奥斯曼人视为了历史的主体。

不管怎么样,为一个时空范围如此巨大的奥斯曼帝国书写一个单卷本的通史,如果不是像贝尔福这样大胆地取舍(也可能包括那个时代的"无知无畏"),其实很难保持内在的一致性。卡罗琳·芬克尔(Caroline Finkel)的《奥斯曼的梦》(*Osman's Dream*)[1]也出了简体中文版,这本书倒是一个专业史家写的大部头通史,而且也尽量地做到了叙事生动,更重要的是对以往的成果做了更好地吸收,但你仍然可以指责它以伊斯坦布尔为中心的叙事,另外,不管是在历史分期还是内在一致性方面,也有很多可以商榷之处,所以,为奥斯曼帝国书写一部通史,要比为中国写通史更难,毕竟,奥斯曼帝国更加具有多元性,还曾经是欧洲的一部分,后来又彻底崩溃了,所有这些史实都让写作者难以平衡。

---

[1] Caroline Finkel, *Osman's Dream: The History of the Ottoman Empire*, New York: Basic Books, 2005.

第一章 世界主义的奥斯曼帝国

（二）日本学界的奥斯曼帝国史研究[①]

关于奥斯曼—土耳其的历史研究，中文学界目前还处在起步阶段，尤其是基于一手文献的研究几乎还是空白，这与中国的外国研究尤其是外国历史研究整体上比较落后有关系。但从世界范围来看，奥斯曼—土耳其研究是显学。在这个领域，与东邻日本学界相比，中国学界还存在很大差距。因而，在当前的情况下，除加大力度培养中文学术人才之外，引介一些经典的著作或较新且"靠谱儿"的作品，也是了解相关动态、推动中文学界相关领域学术发展的必经步骤。近年来，中文出版界对译介国外的奥斯曼—土耳其历史研究作品做出了很大努力，取得了一些可喜的成绩，尽管翻译的水平参差不齐，但对于中文学界尽快掌握相关领域的研究状况，应该说贡献不小，值得肯定。

整体看，中文学界的译介作品，至少有两个特点：一是设计上缺乏系统性，往往是出版商基于市场原则的策划，而无法反映这个领域的趋势；二是基本上都译自英文，这么做的理由不言而喻，但从学术发

---

① 日本学者林佳世子的《奥斯曼帝国：五百年的和平》一书，已由理想国系列推出中文版，此为出版方约笔者所写的"推荐序"。

展的角度来说，对土耳其文、日文或其他西方语文的作品也需要关注，在英文世界之外，用其他语言写的优秀作品也不在少数，人文学科有一个很重要的特点，即用不同语言书写时，作者心目中假定的读者是不一样的，从而其问题意识、侧重点会有所不同，尤其是通史性的作品，在这一点上显得更为突出，再者，不同的语言表述也不仅仅是工具意义上的差异，在思维方式、概念体系上也会有较大差异。因而，翻译尤其是高质量的翻译，对于人文学科来说一直是必要的。

在以往的奥斯曼帝国通史的译著中，斯坦福·肖夫妇的作品应该说是最好的，即便是在英文世界，它至今也仍然是经典。不过，肖的原书距今已近半个世纪，很多新的学术成果无法体现，而且原书的学究气较重，叙述风格上也过于持重，部头也比较大，不太适合于普通读者的阅读。其他零星的奥斯曼帝国通史的译著，要么部头过大，望之令人生畏，要么过于简略，读来使人收获不大。

在上述情况下，林佳世子的这本《奥斯曼帝国：五百年的和平》能够出中文版，应该说是一件很有意义的事情。关于奥斯曼帝国的一些基本问题，作者都有专题性的阐释。以下仅撮举本书的几个例子。

一是关于奥斯曼帝国的起源问题，作者综合了已有的研究成果，明确指出，它虽然有游牧民族扩张的

第一章　世界主义的奥斯曼帝国

因素,但绝不是一个简单的游牧民族的军事征服问题,也不是单纯的伊斯兰"圣战"的结果,而是一个多元复合问题。作者首先介绍了小亚细亚地区穆斯林与非穆斯林、游牧民和农民之间的关系,在奥斯曼帝国崛起之前游牧移民已经生活了很长时间,因为生活方式的不同,游牧民和农民之间更多的是共存的关系,以交换为主要特点,此外也存在劫掠关系,尤其是在政治混乱时代。

在这个漫长的过程中发生了当地的土耳其化和伊斯兰化。改宗通常是一个自上而下的过程,一般是先由权力的中间阶层开始改宗,之后再逐渐向普通民众扩散,它更多是长期接触而非暴力的结果。由突厥系移民建立的穆斯林政权与拜占庭帝国之间人员交流很频繁,在政界和军界,双方皆有相当规模异族出身者。在早期,安纳托利亚的穆斯林政权和拜占庭帝国的统治阶层并非完全异质,改宗的原因也很多,政治的(精英希望在异教政权中发展)、经济与安全的(为了确保经济利益和人身安全)、宗教的(神秘主义对突厥游牧民和基督徒都有吸引力)……伊斯兰化又为当地居民的融合提供了便利,到13世纪末穆斯林已经占安纳托利亚总人口的80%,土耳其语也占据了优势。作者在这里尽管批判了那种认为土耳其人都来自中亚的浪漫民族主义的想象,但若讲到现代土耳其人的来源,同样不能忽视19世纪以来从东欧、高加索、克里米亚、伏尔加河流域、中亚等地区来的移民。

蒙古入侵引发的大规模的人口移动,带来了更大的混乱,整个安纳托利亚地区进入了"战国时代",西部更混乱,小规模的骑士集团和苏菲教团,四处割据。作者认为,起源不清的奥斯曼人,非常可能只是流民集团之一,主要是靠实力取胜,至于在后世他们如何"包装"自己的起源,就是另外一个问题。

二是作者强调奥斯曼帝国的崛起过程中巴尔干属性的特殊地位。奥斯曼侯国能够成长为帝国,很重要的原因在于对巴尔干地区的经营,奥斯曼侯国是先变成了巴尔干大国之后,才成长为帝国的,这是一个很重要的观点。她把巴尔干说成是奥斯曼帝国的发祥地,也是因为奥斯曼的统治,才有了东南欧这片地域上的所谓巴尔干区域意识。当奥斯曼人崛起的时候,整体而言,巴尔干处于混战局面,这使得奥斯曼人作为雇佣军团得以进入该地区,它不是游牧征服或移民的扩大,奥斯曼侯国通过和亲、同盟、支付贡纳金、直接支配等方式在巴尔干发展,通过收编巴尔干侯国的海军,奥斯曼人还有了进军欧洲的条件。作者认为,奥斯曼人经营巴尔干,很重要的一点是他们的政策合理,得到拥护,带来了长期稳定,征服者和当地旧统治阶层实现了和解,共同统治当地,成为新的支配阶层,造成了巴尔干的新秩序,不能视之为伊斯兰对基督教世界的征服。她根据新的史料指出,当时奥

第一章 世界主义的奥斯曼帝国

斯曼侯国有意识地招募骑士进行所谓的"圣战",其实并不是宗教性的战争,而是掠夺,他们招募的既有基督教骑士,也有穆斯林骑士。这些人有国家组织的背景,要向国家缴纳五分之一的战利品,这些人对奥斯曼的扩展发挥了很大作用,最多时达到5万人。

三是全书有一条重要线索,就是奥斯曼的帝国化问题。对于那些在征服和掠夺中发挥了作用的骑士们,奥斯曼统治者分封给他们采邑,他们的义务是在夏季参加苏丹组织的远征,这就是蒂玛尔制。但随着战争形态的变化,尤其是火器的引入和长期战争的出现,骑士们受到其战法和参战时间的限制,其作用就大大降低了,随之,以各种方式和理由,他们的封地被剥夺,这也与随着帝国的扩大和巩固而走向中央集权化的趋势相一致。军事上的胜利带来了更多的财富,有利于中央集权的发展,实际上这是内陆亚洲征服民族走向定居化和中央集权化(即帝国化)的一个普遍特征。

财富的增加也使得苏丹有能力发动下一次战争。这个循环要求的是治理技术的不断发展,具体体现在税收和财政上。林佳世子这本书在税收问题上下了很大功夫,从征税调查、使游牧民定居化、剥夺和重构蒂玛尔、包税制的发展、地方法官和书记员的角色等方面,作者对帝国的财政能力做了详细讨论,比如,剥夺不用纳税的蒂玛尔、实行包税制,就为帝国带来了更大的财政收入。

关于帝国治理的问题,全书的另外一个亮点是讨论了苏雷曼大帝运用伊斯兰教完善统治、加强中央集权的问题,也就是16世纪后,随着阿拉伯地区被纳入帝国疆域,宗教知识分子乌莱玛阶层也开始了体制化。帝国开始赋予在首都最高学府的麦德来赛中就读的、接受了哈乃斐教法学教育的学生以任官资格,并进行登记,成为政府任命各地地方法官和麦德来赛教授的基础,没有资格的则没有被任命的可能。政府有时还举行晋升职务的专门考试。但这个制度规定了乌莱玛晋升必须得到特定职务的上级乌莱玛的推荐,而具有特定职务的乌莱玛还有一个特权,即能够无条件登录自己弟子进入"候补名单",这个制度使得腐败问题产生,乌莱玛除了学习宗教之外,还要专门去经营人际关系而寻求升职。很快就出现了掌握晋升体系的乌莱玛大族。

四是关于帝国的衰败问题,作者指出,奥斯曼体制的终结是在18世纪末,当时,帝国已经非常虚弱,其能够继续延续下去,是众多偶然因素集合的结果。她提出了评估帝国体制能否维系的三个界限:维持领土与和平的能力、基于伊斯兰的政权合法性原则、中央集权体制。到18世纪后半期,这三个方面都出现了问题,一是帝国边疆出现了动荡,欧洲和俄国的崛起,列强有能力干预奥斯曼帝国的边疆事务,引发了当地的不安和独立倾向；二是非穆斯林得益于跟欧洲的通商关系，经济地位上升，加上列强的干预，开始出现民族意识，原有的建立在伊斯兰基础上的统治合法性被动摇，而帝国加强管理的措施更进一步激发了当地的离心倾向；三是官僚系统的寻租现象日益普遍，削弱了中央政府的职能，而各地出现了众多地方实力派（阿扬），不断积蓄着对抗中央的实力。正是在上述背景下，奥斯曼帝国进入了近代，改革与衰亡进行着赛跑，直到"一战"后帝国灭亡。

除了以上的专题性讨论之外，本书至少还有如下几个特点。

一是作者重视对历史记载的解构，比如，关于奥斯曼帝国的前史，作者强调要重视其对手拜占庭方面的记载，而对后世奥斯曼帝国的叙述，作者指出那并非信史，后世所写的前史，皆为杜撰，其目的是将自身追溯为突厥系游牧民的望族乌古斯的后裔、纯正的伊斯兰教徒，继承了塞尔柱的王权。拜占庭人的一些记载则提到，奥斯曼集团的军队是由突厥系骑士和拜占庭人混编而成；奥斯曼人注重与基督教盟友的合作，有两个改宗伊斯兰教的基督徒军事家族发挥了重要作用，他们可以说是奥斯曼帝国的共同奠基者，不过，奥斯曼后来的历史书写逐渐不再书写这些同盟者的历史。总之，对于和拜占庭结盟的事，奥斯曼后世的历史书写讳莫如深，而拜占庭史书则提供了更多细节。

二是作者很重视社会史，对农民、游牧民、城镇居民、不同宗教共同体、女性等都有专门的论述，使得这本小书内容非常丰富。比如，作者利用14世纪著名的穆斯林旅行家伊本·白图泰的游记，生动地介绍了当时安纳托利亚社会状况，当地的伊斯兰化已经很深入，对于讲阿拉伯语并去朝圣过的人非常尊敬，认为他们来自文化的中心。城镇中已经形成了类似于行会或兄弟会的同业组织，除了日常管理，他们还有自卫和互助的功能，这类组织直到奥斯曼帝国时代一直延续着，在安纳托利亚的诸侯身边有犹太人医生、伊斯兰教法官和希腊侍者，作者推断这些多元特性在当地的诸侯国中很普遍。

三是历史评价不独尊中央集权国家的立场。随着帝国的疆域达到极限，皇位继承人的日益文弱化，后宫、禁卫军、大官僚家族、地方大员等实力派都开始发挥更大的作用，挑战了苏丹所代表的国家权威。但作者并没有完全从中央集权的角度来讨论这些问题，对于分权的、地方自治性的要求，作者给予了更为客观的评价，不管是禁卫军的社会化还是地方实力派的发展，作者指出，它们对抗中央集权的努力也为特定群体和平民带来了益处。对于那些被中央集权所边缘化的群体，作者更是给予了某种带有感情色彩的、同情式的描述。

第一章　世界主义的奥斯曼帝国

最后我想就日本的土耳其研究做一点简单介绍①。

我国学人对日本的中东—伊斯兰研究已经有一些介绍，虽然主流学术界仍知之不多。对日本的土耳其研究，专门的介绍几乎还没有。笼统地说，日本的土耳其研究在很多方面已经达到国际一流水平，而且有自己的特色。中日同属东亚文化圈，在问题意识、概念体系、研究方法等方面，日本学界的研究对于中国学者来说应该有较大的借鉴意义。

日本学者在综述本国的土耳其研究时，往往注意提到几个重要的点。第一点是"突厥学"在日本的发展，这个领域主要起源于日本人对中亚和北亚突厥人历史的研究，对中国学者来说也完全不陌生，日本学者最初使用的资料主要也是中文的史籍，而且，大家也都公认，日本有很强的中国语文学与中国历史的研究传统。"突厥学"实际上滋养了早期日本学界对土耳其历史（日本人也称之为安纳托利亚的土耳其人）的研究，一些日本的奥斯曼—土耳其历史研究者，也是从"突厥学"转过来的，或兼顾到这个领域的。限

---

① 在这个方面，我参考了日本学者铃木董和永田雄三的相关文章。永田雄三：「近年のオスマン史研究の回顧と展望」，载『日本中東学会年報』，no. 30—2, 2014 年，第 145—150 页；铃木董：『オスマン帝国史の諸相』，「序」，東京：山川出版社，2012 年，第 3—11 页；Tadashi Suzuki, "From Central Asian Studies to Anatolian Studies—A Century of Turkish Studies in Japan," in *Orient*, Vol. XXXVIII 2003, pp. 117-134。

于篇幅，对此不做过多阐述。第二点是经历明治维新的日本日益具有世界意识，在关注欧洲和俄国时，日本人注意到了所谓的"东方问题"，自然地，奥斯曼—土耳其人就这样进入日本人的视野，当时的日本政治界尤其是外交领域即开始关注奥斯曼—土耳其。第三点是在"二战"前，当时的日本政府曾推行大亚细亚主义政策，这使日本跟以奥斯曼—土耳其为中心的伊斯兰世界发生了密切关系。与此同时，日本也有较多人对土耳其国父凯末尔所推行的革命与变革颇有兴趣，这些都是推动日本各界关注奥斯曼—土耳其的因素。作为第一代关注和研究土耳其的日本学者，大久保幸次在1938年即创立了"回教圈研究所"，在其所发行的月刊《回教圈》上就可以看到日本人对土耳其研究的重视。

我们一般所谓"奥斯曼—土耳其研究"，在日本学界通常被称为"土耳其研究"，分为奥斯曼帝国史研究和现代土耳其研究。战后日本的土耳其研究，长期以来是偏重奥斯曼帝国史的研究，对现代土耳其的研究很少，不过，近年来日本的现代土耳其研究也有了很大发展。根据日本学者铃木董的说法，到目前为止，日本学术界对奥斯曼—土耳其的研究大致经历了六个"世代"，第六个也就是当下这个世代也被称为"新世代"。

1958年出生的林佳世子属于第五代，即20世纪

第一章　世界主义的奥斯曼帝国

80年代完成教育并在20世纪90年代崭露头角的一代学者。林佳世子于1988年修完东京大学东洋史学方向博士课程，专攻奥斯曼帝国史，她最初以穆罕默德二世时期的宗教捐献文件为出发点，研究奥斯曼帝国的宗教捐献制度，之后对伊斯坦布尔城市史进行了广泛且深入的研究，其第一部专著是1997年出版的《奥斯曼帝国的时代》(『オスマン帝国の時代』)。当前这本被翻译成中文的作品，最初是2008年由讲谈社出版的，2016年经修订后再版。从这部通史性的著作中可以看出作者在宗教史、制度史和社会史方面的专长。

根据永田雄三的介绍，因为有东洋学的传统，日本学界的历史研究非常重视"古文献学"，在奥斯曼帝国史的研究上，日本学界也有这个特点，甚至可以说，这是日本学界的一个特色。近年来日本的奥斯曼帝国史研究有了一些新动向，一是在奥斯曼帝国近代史的研究中引入了与日本进行比较的视角；二是更加重视对非穆斯林共同体的专门研究；三是使用绘画资料和文学作品，从事社会史的研究。林佳世子在书中即比较多地运用诗歌等文学作品来研究当时的社会舆论与政治状况，也比较注意绘画资料的使用，体现了奥斯曼史研究的新趋势。

总之，林佳世子这本书的引入对于加深我们对奥斯曼—土耳其历史的认识必定助益良多：它是日本学界关于奥斯曼帝国通史的高水平代表作，使我们得以初窥日本学者相关研究的深度和广度；它在很多方面具有新意，基本上体现了奥斯曼帝国史研究中的最新趋势，除了前面提到的特点外，对环境史、国际关系史、世界体系论、经济史等全球史领域的新成果也尽可能地加以利用；它在结构上充分兼顾了历史的经度和制度、文化、社会的纬度，内容很丰富；语言平实、叙事生动，很多地方利用不同类型的原始资料来呈现历史的样貌，让材料说话，使读者更能贴近历史。

我们本就不该有这个帝国，因为有了这么个帝国，土耳其民族承受了额外的负担，她总是为了保卫这个民族或那个民族、为了捍卫这里或那里而流血牺牲，却唯独没有了自我，现在，土耳其人终于可以摆脱帝国历史的包袱了。

第二章
凯末尔主义

第二章 凯末尔主义

一、革命史观

今天,在区域和国别研究的意义上,了解和研究土耳其,尤其是它的历史,既有学术的必要,也应是中国与世界关系这个时代大命题的一部分①。在更广泛的意义上,这样的"时代命题"亦不唯今日所独有,已被多数人忘记的是,了解和研究土耳其,一度是近代以降中国知识分子和政治精英们颇为热衷的课题②。由此,我们今日所谓的关注就既具传承、又具新意。

格言云:"过去即外国"(The past is a foreign country)。其意是说,当下之人看待或研究自己的历史,就像看同时代的外国一样,前者是时间的距离,

---

① 昝涛:《发展区域和国别研究,离不开基础学科建设和顶层设计》,《光明日报》,2017年12月20日。
② 昝涛:《中国和土耳其之间的精神联系:历史与想象》,《新丝路学刊》第1期,社科文献出版社,2017。

后者是空间的距离。进一步言,若是研究外国的历史,当是时间和空间意义上存在双重距离,更不必说语言和文化上的隔膜。此即研读外国历史的特殊处。

著名史家汤因比曾睿智地点明:若谈论自己以外之事物,任何个人或集团都难免自我中心主义,此为人类社会之常态,也是成为人的一种"代价"[①]。从中文读者的角度说,相对而言,土耳其在时空、文化和情感上跟我们的距离是比较远的。

前述各种距离与隔膜,决定了大部分国人对土耳其的陌生感。基于此,以中文为媒介创作的各类作品,当以此"距离"为心理前提,并尽力拉近之。相应地,若以当下为引子,从现在说起,或许是一个能稍稍缩短那些距离的合适方法。当然,如何措置历史与现实之关系,学者们向来聚讼纷纭。此处不赘言。

1. "洛桑"之约

2017年12月7—8日,当代著名的政治领导人、土耳其总统埃尔多安(Recep Tayyip Erdoğan)访问了其邻国希腊。这并不是一次平常的外交活动。自1952年以来,亦即65年中,这是土耳其国家元首首次访问希腊。土希两个国家是邻居,且同为北约成员,但双

---

① 〔英〕阿诺德·汤因比:《一个历史学家的宗教观》,晏可佳、张龙华译,四川人民出版社,1998年,第11页。

第二章 凯末尔主义

方关系一直紧张;20世纪70年代以来,还有几次濒临战争边缘。土耳其和希腊这两个国家,既有历史积怨,又有现实的宗教矛盾、领土纠纷和利益冲突。埃尔多安的这次希腊之行,也并不"和谐"。其间,宾主多次发生言语上的龃龉,且直接或间接涉及历史问题。毫不奇怪,挑起话题的是埃尔多安,他屡次提及两国领土纠纷以及希腊的穆斯林少数民族问题。这让希腊领导人颇为不快。在电视转播的会谈中,埃尔多安和希腊领导人互"怼",场面尴尬,令外界一度对访问成果感到悲观。①

访问希腊期间,埃尔多安提出"更新"《洛桑条约》:"这个条约中有些悬而未决的问题,有些事情令人费解。并且,这个条约是94年前签署的,签署国有11个,不只是希腊和土耳其。所以,应当更新了。"对此,希腊总统帕夫洛普洛斯礼貌而又坚决地反对:"条约不可谈判,既不需修正,也不需更新。"他强调:"按照法律,可以对条件加以诠释,但不能修正。"

《洛桑条约》(*Lozan Barış Antlaşması*),距今都快一百年了,就算是在中国,从小到大的世界历史教科书里都少不了它。土耳其和希腊这两个国家的领导人,为什么今天还会为《洛桑条约》争吵不休?以

---

① 参见 http://www.jwb.com.cn/gj/201712/t20171210_4824577.html,2022年1月1日。

往,无论是中国的还是土耳其(革命史范式下的)历史书写,通常是要么高度赞扬凯末尔这样的伟大政治和军事领导人,要么就是强调土耳其革命在反帝、反封建方面的重要历史意义。《洛桑条约》主要是被视为革命斗争胜利的一个成果:《洛桑条约》取代了丧权辱国的《色佛尔条约》(Sevr Antlaşması),这是"一战"后凯末尔领导的土耳其武装斗争战胜了以希腊为主的协约国势力后赢得民族权利的结果,是土耳其民族独立革命的伟大胜利。

如此而已。

如果是这样,现在的土耳其领导人为什么还要主动提出修改《洛桑条约》?难道土耳其一直把它视为"不平等条约"?

显然并非如此,《洛桑条约》当然并不只是我们的世界历史教科书上提到的那么简单,它包含的内容非常庞杂,篇幅也很大,很多方面对当代土耳其仍具有规定性。

《洛桑条约》是土耳其共和国建立的基础。对现代土耳其来说,《洛桑条约》的意义怎么高估都不为过。以往的革命史叙事主要是从政治的角度强调了军事上的胜利、伟大领袖的作用等,但不容忽视的是,土耳其共和国的建立不是内战的结果,而是国际斗争的结果,因此,作为现代国际关系规则之表达形式和载体的条约,具有重要的作用。在"法治主义全球化"的时代,更须在上述意义上理解《洛桑条约》。《洛桑条约》尽管是在 1923 年签署的,但它对签署国尤其是土耳其至今仍具有重要影响,它不只是基本划定了土耳其的边界、承认了土耳其人的民族权利,对于土耳其建国具有重要意义,而且规定了签约国的长久义务。在当时,这个条约主要规定了五个方面:

(1) 边界和土地权利,除了土耳其与邻国的边界问题,还规定了土耳其拥有东色雷斯,西色雷斯划给了希腊,爱琴海上的诸多岛屿在后来大部分划归希腊,这也是今天希腊的海岸线特别靠近土耳其这一侧的原因;

(2) 废除了列强在土耳其各项特许权;

(3) 划分了奥斯曼帝国的债务,让原有的奥斯曼帝国各国也按比例分担这些债务,并规定了偿还期限;

(4) 博斯普鲁斯海峡实现最大程度的自由通行,毗邻地区实现非军事化,限制了土耳其的主权,直到 1936 年土耳其才恢复对海峡的完全控制;

(5) 与希腊有关的问题,主要包括三个方面:各自境内少数民族的交换,在执行的过程中,少数民族实际上是按照其宗教信仰来划分的,自然就出现了讲希腊语但不懂土耳其语的穆斯林被迫移民土耳其,而讲土耳其语完全不懂希腊语的基督徒被迫移民到希腊的情况,当时有 130 万人从土耳其迁出,50 万人从希腊迁出,仅西色雷斯和伊斯坦布尔的少数民族免于被迁移。①

从领土的角度来说,土耳其人丧失了摩苏尔和西色雷斯,但与 1920 年西方意图瓜分土耳其的《色佛尔条约》相比,《洛桑条约》当然是土耳其人的胜利。在这个问题上,历史的评价须有现实主义精神。不只是在战场上,土耳其人赢得不易,且有好运气的成分;即令武装斗争胜利之后,在《洛桑条约》的外交谈判中,土耳其人也同样不容易,仅从时间看,这个谈判前后持续了 8 个月之久。

《洛桑条约》"第三章"是关于"少数民族权利"的规定(Ekalliyetlerin himayesi/Azınlıkların korunması)②。当时所谓的少数民族,在土耳其是指非穆斯林,根据对等原则,希腊也要确保自己境内的穆斯林少数群体的权利和宗教自由。需要提请注意的是,也正是根据这一点,土耳其长期不给予库尔德人少数民族的身份,因为库尔德人至少还是穆斯林,讨论当代土耳其的库尔德问题,必须要回到《洛桑条约》。这是《洛桑条约》影响当代土耳其的一个重要例证。

---

① 〔土耳其〕悉纳·阿克辛:《土耳其的崛起》,吴奇俊等译,社会科学文献出版社,2017 年,第 203—207 页。
② 该具体条款的土耳其文本参见 Ali Kemal Meram, *Belgelerle Türk-İngiliz İlişkileri Tarihi*, Istanbul: Kitapçılık Ticaret Limited Şirketi, 1969, pp. 256-258;中文版参见王绳祖:《国际条约集(1917—1923)》,世界知识出版社,1961 年,第 856—859 页。

第二章 凯末尔主义

前述土耳其领导人埃尔多安讲希腊的少数民族地位问题，他主要关注的是西色雷斯的十多万土耳其族穆斯林，这部分人自1991年来被剥夺了自己选举穆夫提（伊斯兰教法说明官）的权利，那之后到现在则是由希腊政府任命穆夫提。但希腊任命的穆夫提往往得不到这些穆斯林的认可，他们仍然坚持自己具有选举穆夫提的权利。这是土耳其一直对希腊耿耿于怀的事情，它认为希腊政府的做法违背了尊重宗教自由的国际规范。显见，土耳其并没有将此事单纯地视为希腊的内政事务，土耳其认为希腊的土耳其族穆斯林少数民族没有享受到《洛桑条约》赋予的权利。

《洛桑条约》实际上对土希双方有一个共同影响，那就是以宗教归属作为界定少数民族的标准，在希腊是非东正教徒，在土耳其则是非穆斯林。在某种意义上，这其实是奥斯曼帝国按教派而治的"少数民族政策"米勒特制（millet system）在现代的承续。但土耳其现在要求希腊政府同时要把种族因素考虑进来，也就是赋予在希腊的"土耳其人"以少数民族的身份。而希腊人的担心是，这种改变将引发本国内政的新争端，所以，在双方领导人会谈的时候，希腊方面的说法是：1923年的《洛桑条约》已经确保了希腊境内穆斯林少数族群的宗教自由，所以，没有必要进行什么修改。

仅通过最近土、希两国领导人围绕《洛桑条约》

发生的龃龉就可以体会到，现代土耳其的建立是一个真正的国际性事件，不仅今天土耳其等国还受到这个条约的约束和规定，而且它还直接影响着各自国内政治和社会进程的发展，有些问题还常常溢出民族国家的边界。围绕《洛桑条约》的很多影响和争议，在土耳其之外还较少被重视，尤其是没有将其置于"世界史"的范畴加以考量。相关国际法的问题，对于那些尚未真正完全完成建国进程的国家来说，应该是有启示意义的。

2. 对"领袖"的爱戴与不敬

2017年，土耳其有两位历史学家因"攻击穆斯塔法·凯末尔·阿塔图尔克（Mustafa Kemal Atatürk）"的罪名，被法院各判处15个月的监禁。苏雷曼·耶西余尔特（Suleyman Yesilyurt）和穆斯塔法·阿玛甘（Mustafa Armagan）两人分别在电视节目和杂志上"八卦"了国父凯末尔的私生活，苏雷曼涉及了凯末尔与其养女阿菲特·伊楠（Afet Inan）的"特殊"关系，穆斯塔法则发表了凯末尔前妻拉蒂菲的一封信。实际上，受到影响的人不止这两位历史学家，还有哈桑·阿卡（Hasan Akar）因为攻击凯末尔的母亲而被指控。不仅是土耳其法院的审判，而且执政党和反对党的政要也公开谴责了这些历史学家。土耳其广电高

第二章 凯末尔主义

等委员会则对相关媒体予以重罚,相关杂志也被下架。西方媒体在评论这一系列事件的时候,几乎一致认为土耳其很可笑,又一次抓住了土耳其的新闻自由问题大做文章。

2015年,在北京举行的一次关于中国与土耳其关系的论坛上,我从世界史的角度提到并肯定了凯末尔(这是中国人已经习惯的直接称呼,土耳其人的惯常称呼是阿塔图尔克)对现当代土耳其的塑造。发言之后的茶歇时,一位年长的土耳其朋友主动过来跟我握手和拥抱,一个劲儿跟我说谢谢,说因为在这里听我讲他们的国父倍感亲切,而在土耳其,已经很少也很难听到这种声音了。我知道,他说的当然不代表统计学意义上的真实。但从情感的角度,那对他而言也是真实的。

写到此处,又记起一位土耳其裔美国人类学家讲述的个人经历。十几年前她返回家乡的时候发现,父母在汽车里、家里到处悬挂或放置各种带有国父凯末尔头像的饰物,她得出结论说:在凯末尔活着的时候,伊斯兰被"私人化"了,凯末尔主义成为公共的;而在正义与发展党(AKP)执政的21世纪,凯末尔主义被"私人化"和边缘化了,伊斯兰主义成了公共的。[1]

---

[1] Esra Özyurek, *Nostalgia for the Modern: State Secularism and Everyday Politics in Turkey*, Duke University Press, 2006.

这几个最近的与土耳其国父凯末尔有关的生动例子，一再凸显了当代土耳其社会围绕国父遗产发生的精神撕裂。从当下的视角看，土耳其的国际名片可能是埃尔多安，但历史地看，土耳其国父凯末尔及其遗产对土耳其共和国（乃至在世界范围）有重大影响。了解和研究土耳其共和国，凯末尔和凯末尔主义无论怎样都是无法被轻易"打发掉"的。越是早期从事土耳其共和国历史研究的人，对凯末尔的情结可能就越重。

容易理解的是，土耳其革命史给凯末尔戴上伟大领袖的光环，突出他个人的历史作用和天才领导。实际上，凯末尔不是一个人在战斗。他本人属于奥斯曼帝国晚期出现的（以青年土耳其党人为代表的）、相信庸俗唯物主义的精英主义者，凯末尔与这些人都坚信科学将战胜宗教，只要通过强力控制和灌输，人民迟早会接受世俗主义和欧洲文明，并沿着精英们规划的道路前进，成为"新人"。

凯末尔等青年土耳其精英很多是来自欧洲的穆斯林，这部分是被称为"巴尔干土耳其人"或"欧洲土耳其人"。① 奥斯曼帝国曾经征服并控制了大片东欧巴尔干的领土，"欧洲土耳其人"自视为征服者的后代，但19世纪以来，随着奥斯曼帝国逐渐失去对这些地区

---

① Kemal Karpat, *Ottoman Past and Today's Turkey*, Leiden: Brill, 2000, p. 12.

第二章 凯末尔主义

的控制,生活在欧洲地区的大量穆斯林陆续被排挤出来(祖籍马其顿的凯末尔的家人也是如此①),他们来到了伊斯坦布尔和安纳托利亚,因为生活环境等原因,从欧洲来的土耳其人与小亚细亚的土耳其人在很多方面,尤其是思想意识上很不同。

凯末尔自己就是欧洲土耳其人的典型,他的老家在希腊的萨洛尼卡,那是一个发达的港口城市,且不是一个穆斯林占人口多数的城市,各种来自欧洲的物质和精神产品多在这里产生直接影响,再通过这里影响到帝国的中心。"巴尔干土耳其人"得风气之先,更容易接受凯末尔主义的改革。直到今天,社会学家研究发现,大多数支持伊斯兰主义政党的土耳其人是受教育程度较低者。

几乎没有人能否认凯末尔对现代土耳其的重大贡献和影响,关于他的改革所造成的重要历史影响,这里无法详述。仅就影响最深远的世俗化而言,在当时的土耳其存在着两种对待伊斯兰的不同路径:一是"重构"伊斯兰教,参照路德教会的历史经验,提出改革伊斯兰教的主张,目标是要抽离宗教的教义、神话、仪式和超验的方面,使伊斯兰教成为一种唯物主义哲学,重构伊斯兰教的目的,仍然是要实现进步和启蒙,这引起了包括麦加的谢里夫在内的很多人强烈

---

① Andrew Mango, *Atatürk*, London: John Murray, 1999, p. 114, p. 122.

不满,这种重构伊斯兰教的态度是"一战"期间谢里夫领导阿拉伯人起义的重要原因,实际上,那些主张重构伊斯兰教的人并不是严格意义上的宗教改革家;另一路径是模仿欧洲社会尤其是法国的做法,控制宗教并使宗教尽可能地边缘化,凯末尔党人的做法主要是侧重于第二个路径。这两种策略和路径的目标一致,"重构"宗教也是一种策略,最终还是要抛弃宗教。可以肯定的是,凯末尔主义对宗教的态度是激进的。

凯末尔有关于土耳其民族和现代社会的理想,但甚少教条主义,也没有一个整全的意识形态体系。被总结出来的"凯末尔主义"六大原则(altı ok,共和主义、民族主义、世俗主义、平民主义、国家主义、革命主义)也说不上是个体系。从凯末尔革命和改革的细节可以看出,他有的是谋略家讲求实际的气质。

对凯末尔革命的歌颂,须清楚一个前提,那就是,他不是奥斯曼帝国的分裂者,也不是拯救者,他是在土耳其民族走投无路的情况下,在当时美国总统威尔逊所提的"十四点"的框架下,带领土耳其人"用刺刀"拼下了这么一份家业。在当时,这并不是通过理性预估必然能够实现的前景。伟人之所以伟大,就是在紧要关节的时刻,能够顺应时势,毅然选择一条道路。这是决断,它在很大程度上是性格使然,不是靠理性的算计。凯末尔就是马克斯·韦伯

(Max Weber)意义上的"克里斯玛"(魅力型领导人),他是在一个特定的历史情境里自然产生的①。在日常的集体生活中,相似的情境总是不断出现。

3. 再访帝国

借这个机会,我还想讨论与凯末尔领导的土耳其民族独立革命有关的另一个话题,即如何看待从奥斯曼帝国向土耳其共和国的变迁。要跟伯纳德·刘易斯教授一样去同情、理解凯末尔民族主义叙事中的那些虚幻和夸大的成分,这并不很难,包括历史上的中国人和欧洲人都不乏称赞凯末尔革命者,认为那是反帝、反封建的、成功建立现代民族国家的典范,这一点不知曾羡煞多少被军阀混战搞得疲惫不堪的、苦苦思索的中国人。

这里想说的是,所谓从奥斯曼帝国崩溃到土耳其共和国的"凤凰涅槃、浴火重生",在以往的历史叙事中成了某种被集体歌颂的伟大事业,而在这之外,其他的反思的可能性基本上被遮蔽了。苏格拉底不是曾说"未经反思的生活不值得过"嘛。以中文为母语的我们,既然与奥斯曼—土耳其的时空距离较远,它又不是我们的"东方问题",基于帝国崩溃和大一统

---

① 〔德〕马克斯·韦伯:《经济与社会》,林荣远译,商务印书馆,1997年,第269—283页。

的不同历史境遇和切身感受,或许我们可以有一些少许不同的反思,尽管历史无法走回头路。

对奥斯曼帝国及其历史命运的认知,主要受到两个视角的影响。一是欧洲人的"东方问题"视角,另一个是土耳其民族主义。

奥斯曼帝国的故事,用最通俗的、简练的语言可以这样概述:

> 土耳其人的祖先是来自中国以北的草原游牧人,他们差不多是在一千年前迁徙到了小亚细亚,之后陆陆续续又有更多讲突厥语的部落迁过来。其中一支由奥斯曼领导的部落后来逐渐强大,到16世纪初的时候,奥斯曼人已经成长为一个地跨欧、亚、非三大洲的近东—地中海帝国,由于统治了大片的欧洲领土,而且长期是地中海世界和欧洲事务的重要"玩家",奥斯曼—土耳其人于是成了欧洲人的"梦魇",到了近代,随着欧洲民族国家的崛起、奥斯曼帝国的相对衰落及连续战败,欧洲人(包括俄国)再也难将奥斯曼帝国视为一个平等对手。如何肢解奥斯曼帝国就成了欧洲列强的"东方问题"。在意识形态上,通过对土耳其人和伊斯兰文化的妖魔化,通过东方专制主义的意识形态,欧洲人建立起了自

第二章 凯末尔主义

己的认同①。尽管作为帝国主人的土耳其人不断努力探索"富国强兵"的道路，但作为欧洲的"东方问题"，奥斯曼帝国终将难逃被肢解的命运。先是帝国境内基督教领土（当然是在欧洲列强的怂恿、干预和支持下）分崩离析，使得奥斯曼帝国的欧洲领土规模迅速缩小，到第一次世界大战时，奥斯曼帝国加入德国为首的同盟国阵营，结果战败，土耳其人必然面临着亡国灭种的危机，希腊人、亚美尼亚人、库尔德人在"一战"后都有各自的扩张或独立的野心。幸运的是，土耳其人在凯末尔的领导下，打赢了独立战争，从而使得希腊帝国主义和亚美尼亚民族主义的某种幻想破灭了，库尔德精英们的民族独立进程也搁浅了。

在上述历史脉络中，奥斯曼帝国被解体、土耳其被瓜分，就意味着"东方问题"的解决，对欧洲的历史叙述来说，这是一个长期被期待而又成为现实的理想状态。《洛桑条约》反而是对这个"理想"的重击。但对奥斯曼帝国来说，既然它已经如期待的那样烟消云散了，将这作为"历史的必然"也就成了自然的。

---

① 〔土耳其〕阿斯勒·齐拉克曼,《从暴政到专制主义：启蒙对土耳其人的无知图画》，昝涛译，林国华主编：《欧罗巴与亚细亚》，上海人民出版社，2010年。

由是，欧洲人抹杀了他们曾经长期将奥斯曼—土耳其人作为平等一员、并欢迎它深度参与欧洲事务的史实。在奥斯曼帝国曾经统治过后来又分裂出去、独立建国了的地方（不只是欧洲，也包括阿拉伯地区），不管过得好不好，当地的民族主义叙事必然把跟奥斯曼帝国有关的那个过去说成是被异族统治的、黑暗的时代，只有这样，他们的解放和独立才有正当性。总之，无论是在欧洲的整体历史意识中，还是在前奥斯曼领土上建立了新国家的地方，奥斯曼帝国的解体，都被当成是一件值得庆祝的好事。

一切奥斯曼帝国的事物，都成了不正常的、临时性的。

这是胜利者的历史观。

对土耳其人来说，他们也"分有"胜利者的这件"好事"。作为奥斯曼帝国主人的土耳其人最后失去了曾经地跨欧、亚、非三大洲的帝国，经由一场民族独立运动，土耳其人与欧洲各方似乎达成一个能够彼此接受的结局。土耳其共和国最终成为一个78万平方公里（相当于中国的青海省面积那么大）的地区性中等规模的国家，尽管在今天的中东地区，土耳其也不算小国，甚至可以被称为地区大国和强国。但相对于历史上强盛的奥斯曼帝国，只能说，土耳其共和国的诞生对土耳其人而言不是最坏的结局而已。

土耳其共和国既然也是经由革命建立的国家，在

第二章　凯末尔主义

它的革命意识形态里，除了跟欧洲人的敌对情绪，它还要勉为其难地处理奥斯曼帝国这个曾经的庞然大物。土耳其人曾经是这个帝国的主人，这种处理在心态上是复杂的，但它又不得不这么干，因为硬邦邦的现实是不得不接受的，心理上的复杂或不好受，只能是次要的了。土耳其人在心理上处理这个帝国遗产方式是典型的民族主义式的：奥斯曼帝国早就不合时宜了，近代社会的潮流是民族主义的，奥斯曼的不等于是土耳其的；潜台词就是我们本就不该有这个帝国，因为有了这么个帝国，土耳其民族承受了额外的负担，她总是为了保卫这个民族或那个民族、为了捍卫这里或那里而流血牺牲，却唯独没有了自我，现在，土耳其人终于可以摆脱帝国历史的包袱了。

土耳其国父凯末尔曾经痛批帝国时代的各种扩张主义：奥斯曼主义、泛伊斯兰主义和泛突厥主义。但我也曾在自己的书中提到，凯末尔对这些扩张主义的批判，并不是一个真实的反思和发自内心的放弃，而是一种不得已的妥协，他的批判貌似说理，实则无奈，因为放弃那些扩张主义的"理想"，大多是基于政治现实主义的考虑，也就是说，他之所以批判那些主张，是因为土耳其根本没有精力和实力去做，选择龟缩为一个地区性的民族国家，是最为现实主义的态度。凯末尔本人也不是如革命史所叙述的那样一开始就想建立共和，在奥斯曼帝国战败时，他首先考虑的是为自己在战后的政府中谋得一个理想的职位，比如陆军部部长。

用革命的民族主义方式，土耳其共和国就被说成是真正为了土耳其人的伟大事业，奥斯曼帝国就成了土耳其人应该拒绝的过去。

由是，在奥斯曼帝国晚期，各民族尤其是土耳其人曾经想方设法维系帝国的努力就被各种民族主义（与帝国主义的合谋）抹杀了，剩下的只是对各种所谓民族独立的歌颂。

历史上的和今天的人说土耳其革命了不起，无非是有前述的某种先验立场，这个立场，无论是从土耳其革命的还是从欧洲历史的书写来看，就是预设奥斯曼帝国的被肢解是一个正常的、应然的历史趋势。对欧洲人来说，这是面对和解决"东方问题"的逻辑，对土耳其人来说，这是一个被强加又只能"欣然接受"的逻辑，它被发展成为土耳其民族主义和现代共和国的逻辑。

在以往关于土耳其现代史的访谈中，我常常会被问到土耳其的所谓"成功"或"模式"，现在，我越来越觉得这种提问的方式是有问题的。这么说并不是想为奥斯曼主义招魂，或为当下时兴的所谓"新奥斯曼主义"[①] 张目，而是想说，民族国家和民族主义自

---

① 详见本书第四章的讨论。

身的问题尤其是它们带来的灾难还没有被实在地、彻底地反思,自奥斯曼帝国解体直到今天的百年现代历史上,中东所经历的种种动荡、冲突和灾难,包括前几年的 ISIS 问题,无不与奥斯曼帝国的解体(及其背后不同时期的帝国主义阴谋)有着密切的关系,这个主题在巴尔干地区也是适用的。

帝国主义和民族主义合谋的狂欢,已经严重削弱了我们的反思能力。什么是历史的必然?不管以什么方式回溯历史的那个断面,在场者和后来人,所能抓住的其实常常是历史和真理的碎片。那些向我们兜售各种必然性的人,不妨怀疑其真实动机。

4. 赘语

以上大概算是阅读悉纳·阿克辛(Sina Aksin)所著《土耳其的崛起》这本书时产生的"碎碎念"吧。说实话,我不太喜欢出版者选定的这本书的中文标题,它不但改变了原书的意思,而且大大削弱了该书的历史气质,尤其是考虑到"崛起"已经是当代中文里面被过度使用的语词了。关于 19—20 世纪前半期奥斯曼—土耳其历史的最经典的研究著作,是伯纳德·刘易斯的《现代土耳其的兴起》(*The Emergence of Modern Turkey*)。再对照阿克辛教授这本书的原标题《从帝国到革命的共和国:土耳其民族的兴起,1789

年至今》(*Turkey: From Empire to Revolutionary Republic—The Emergence of the Turkish Nation from 1789 to Present*),就不难看出该书的英文标题的选择是有接续到刘易斯教授那里的某种考虑。作者阿克辛在介绍刘易斯这本书的时候,认为其是"关于19世纪和20世纪前半期的土耳其,最著名的英文著作"。还有一点,阿克辛和刘易斯有一个明显的共同之处:他们都是凯末尔主义革命的同情者。

译者选择这本书的理由是令人赞赏的:土耳其本国的顶级历史学家为大众撰写的历史著作,曾在报刊上连载,可读性强,该书又被翻译成英文了,被国际学界所接受。这些"指标"足以使其成为一本必读书。我还想补充的一点是,英文版加上了三个关于当代部分的章节,这是非常重要的。因为,从目前国内翻译过来的外文著作看,大部分都比较老旧,还没有一本能够把"近代—现代—当代"土耳其历史通着讲下来的作品。这是非常难得的。对于了解土耳其从18世纪以来到今天的变革,该书应具有经典意义上的价值。

另外,如前所述,阿克辛与刘易斯一样都同情凯末尔革命。阿克辛可能是一个典型的世俗主义者。阿克辛丝毫没有掩饰他对国父凯末尔的爱戴之情,并在字里行间为其进行了理性的辩护。这种带有明显感情色彩的作品,其实更为难得,它代表了土耳其现代精

第二章 凯末尔主义

英的某种普遍立场。在后来增写的当代部分中,阿克辛将伊斯兰主义和宗教激进主义等同,在他看来,他们都是要引入沙里亚(Sharia,伊斯兰教法)的统治。这种看法当然有争议,但确实是很普遍的看法,日本研究伊斯兰教法的学者也曾指出这种看法的普遍性①。阿克辛尤其讲到了伊斯兰主义政党善于伪装的一面,这种对政治伊斯兰的不信任态度在土耳其的世俗主义精英之中并不罕见。

我曾在2011年出版的个人专著的"结语"中说:"正发党代表的就是温和的伊斯兰主义……在某种程度上,对凯末尔主义的民族主义的挑战已经在土耳其取得了胜利。凯末尔党人的民族主义需要重新解释和发展自我,必须与时俱进。"② 今天,当人们谈论所谓的欧洲穆斯林问题时,经常拿人口比例及生育率说事。在伊斯兰国家和社会内部,历史地看,有些趋势也有相似之处。凯末尔时代不是大众民主的时代,1946年之后土耳其就进入西方式民主制度的轨道了,也正是在这个新的轨道,人们见证了所谓土耳其的伊斯兰复兴。伊斯兰主义政党恰恰是通过选举上台的,并持续地保持了选举优势。

---

① 大河原知樹、堀井聡江:《イスラーム法の「変容」:近代との邂逅》,東京:山川出版社,2014年,第1页。
② 昝涛:《现代国家与民族建构:20世纪前期土耳其民族主义研究》,北京:生活·读书·新知三联书店,2011年,第392页。

阿克辛也没有回避一些敏感问题，除了伊斯兰主义之外，还有就是土耳其和希腊之间的悲剧。一方面是人口交换，他做了战略家意义上的评论，也就是说，尽管当时的代价是巨大的，但如果不这么做，在未来的代价可能会更大。另一个方面他也介绍了土耳其人对1915年"亚美尼亚大屠杀"的态度，在一个"一边倒"的舆论环境里，土耳其人作为最重要的当事方，不管他们的意见是什么，也需要其声音被听到。你可以不赞同，但仍然需要给予其表达的权利。

土耳其的故事不好讲。因为土耳其相对于中国的读者来说，过于遥远和陌生了：它没有美国的强大和全球影响力，它也没有在中国的对外贸易额中占据特别重要的位置。但历史地看，土耳其曾在中国的知识和政治精英的思想世界占据过较大的比重。从康、梁到孙中山等革命党人，再到瞿秋白、张闻天、毛泽东等共产党人，都曾经在一个时期关注土耳其的变化与发展；更不必说，中国的穆斯林知识分子更是对土耳其的现代变革给予了充分的关注。以前，中国人关注土耳其有两个原因：一是土耳其最先实现了民族独立，在反对帝国主义的斗争中取得了令人羡慕的胜利；另一个是土耳其成功地实现了国家的世俗化、现代化转型，甚至在1960年代被西方学者认为是继日本之后第二个成功地实现了现代化的非西方国家。

今天，上述理由似乎不再那么能打动人了。今天的土耳其是一个由保守主义集团长期掌权的国家。今天的人类还没有完全走出金融危机,又碰上新型冠状病毒肺炎引发的全球疫情,世界还没有完全适应中国正在慢慢重回世界秩序的中心,还日益强烈地感觉到伊斯兰社会正在发生的复杂变动。无论是从历史的、结构的、意识形态或神学的角度,去探讨伊斯兰世界已经和正在发生的种种变化,都有很多吸引人的眼球的结论;但作为一个特殊而又普遍性的个案,土耳其的革命实践留给我们很多值得反思的历史经验。

研究外国史,可能会有很多追求,其中一个应该是研究者自身与研究对象之间的交流、对话、碰撞,当然更重要的是共鸣。作为哲学家的尼采曾说过,世界上有那么多的语言,你学得再多,可能在根本的意义上也不会学到本质上完全不同的东西。在这个意义之下,外国史研究其实更多地是拓宽视界,增加对更多彩的、丰富的人类经验的知识,从而更好地认识自我。

二、国父的思想世界

在多年研究土耳其现代史的懵懂摸索过程中,其实,我从未走近或走进凯末尔的思想和精神世界。这个人做成了非凡的事业:1881 年生;1915 年,在"一战"中因为战功卓著而成为全民英雄,时年34岁;1923年,当上土耳其共和国总统,时年42岁;后执掌土耳其大权15年;1938年去世时年仅57岁。1981年,联合国规定当年为"阿塔图尔克年",足见其对世界的影响。多年前,中央民族大学的胡振华教授曾在土耳其接受媒体采访时说:"在中国没有人不知道凯末尔·阿塔图尔克。"这是因为凯末尔领导的土耳其资产阶级革命曾长期在我们的中学历史教科书中占有一定篇幅。

2018年是凯末尔逝世80周年。时间无情流逝,深入凯末尔思想和精神世界的念头,越来越不再纯粹是学术的或智力的活动,它日益地成了一种情感性的东西。但越这样,某种挫败感也就越强。政治伟人们的生活世界、他们的真实思想尤其是情感和精神世界,早就被他们自己以及各色人等刻意地雕饰和遮蔽了,能使人走近或走进的门窗大都被严密地封锁了。人为的重重篱笆才是真正的问题,大多数人只能看到别人想要呈现的东西。

在这种情况下,舒克吕·哈尼奥卢教授(M. Şükrü Hanioğlu)的较新著作《凯末尔传》,算是一次了不起的思想探险。他系统且深入地勾勒和呈现了土耳其国父凯末尔的思想世界,探索了其思想与实践之间的关系。哈尼奥卢教授是土耳其人,其所有教育都是在土耳其完成的,后被美国普林斯顿大学聘为教授。他主要研究奥斯曼帝国近代史,其著作已经像教材一样影响了很多相关研究者和学生。但像很多土耳其历史研究者一样,他们没有那么明确的断代意识,研究晚期帝国的人,亦可在共和国史方面发表文章。

在作者完成这本著作之前,有关凯末尔的大量资料正在被陆续地整理和出版,方便了研究者的资料获取。在阅读了大量碎片化的资料——包括演说、片语、读书笔记、批注,等等——之后,哈尼奥卢教授将其整理出来的远不够系统的甚至不乏矛盾之处的凯末尔思想,置于奥斯曼帝国近代以来西方化历史的脉络和情境中,他追溯了西方的共和主义、精英主义、世俗主义、实证主义、科学主义、民族主义、社会主义等思潮在奥斯曼—土耳其历史上的传播脉络和途径,发现了凯末尔个人及那一代青年精英们在其教育和阅历中受到了哪些思想观念的多重影响,阐明了这些影响如何在不同历史时期塑造了凯末尔及其同代人。作者讨论的不只是凯末尔党人的意识形态宣传,更重要的是搞清了他们所进行的宣传和实践背后的指导理念与思想。

哈尼奥卢教授的研究方法和写法在以往的各类凯末尔传记中不多见,已有的大部分传记都是围绕传主的生平以及歌颂其伟大展开的。各种凯末尔的传记要么部头太大,枝蔓和背景性的东西过多,以至于淹没了传主;要么就是政治性太强,"伟人理论"色彩过重，让读者容易陷入对领袖的各种幻想之中。在哈尼奥卢教授之前，关于凯末尔的最好的、严肃的学术性传记当属安德鲁·曼古教授的作品①，但其对历史过程的描述过于详细，关注历史背景和实践远多于思想观念，对凯末尔的短暂婚姻也做了详细的探讨，曼古教授的书部头大约是哈尼奥卢教授这本书的三倍。比较而言，哈尼奥卢教授这本小书的关注点很专一，就是要探究凯末尔思想深处的观念世界，原书有一个副标题"an intellectual biography"，显然，人家本来就是想写凯末尔的思想传记，其他枝蔓性的东西极少，因而部头较小，容易卒读。但若想通过本书了解凯末尔的生平，读者会感到失望的，为了更集中地挖掘和书写凯末尔的思想，其生平的大量细节基本上都被作者非常简略地处理了。

哈尼奥卢教授也是将凯末尔作为现代土耳其的伟大缔造者来认知的，但他的做法是将国父还原到其本应处于的时空情境之中。这个时空情境不只是晚期奥斯曼帝国史或土耳其共和国史的，也是欧洲史甚至世界史的，主要不是政治史而是思想史。哈尼奥卢指出，凯末尔是一个实用主义的、开放的、注重实践的人，并无思想上的原创性，而是广泛吸收各种源于西方的思想观念，形成自己的理想信念和行动指南。这

---

① Andrew Mango, *Atatürk*, London: John Murray, 1999.

第二章 凯末尔主义

就破除了那种将凯末尔视为天才的、无所不能的"领袖理论"。这并不伤害凯末尔的伟大,他有军事的天才与英雄的光环,他有幸成为一个新的独立民族国家的掌舵者,大权在握与政治谋略结合,这些都使他具备了有相近思想观念的前辈们所缺少的历史机遇,能够将那些在帝国晚期已经形成并影响不只一代人的多种政治、文化和社会理念付诸实践。

土耳其国内的研究——无论对凯末尔本人,还是对土耳其"独立战争史"(Kurtuluş Savaşı Tarihi)或"土耳其共和国革命史"(Türkiye Cumhuriyeti İnkılap Tarihi),大多是在革命史范式下进行的,这是土耳其共和国官方意识形态一部分。革命史范式的特点是总站在胜利者的立场看问题:"早期的历史学家中——无论是在土耳其还是在国外——都存在着一个压倒性的趋势,即他们总是站在胜利者的立场,来看待事件特别是政治冲突。在土耳其,所谓胜利者的立场,显然就是穆斯塔法·凯末尔的党人立场。"①

长期以来,对土耳其革命史的书写和解释没有摆脱凯末尔在1927年发表的"伟大演说"(Nutuk,这是凯末尔于1927年10月15—20日发表的演讲,他回顾了民族运动史上的重要事件,从民族主义的视角再

---

① Eric Jan Zürcher, *Political Opposition in the Early Turkish Republic: The Progressive Republican Party, 1924-1925*, Leiden: E. J. Brill, 1991, p. VIII.

现和"构建"了民族解放运动,为之后的革命史叙事定了调);将凯末尔本人刻画为唯一正确的领导者(舵手)和伟大救星(*Halâskar*),其他人要么就是完全拥护凯末尔的主张,要么就是反革命的反动分子;革命的目标只有一个,即建立共和制的土耳其民族国家。①

哈尼奥卢的这本书则延续了关于土耳其现代史的现代化研究范式。现代化范式当然有其通常被人诟病的所谓"目的论"色彩,但不容否认的是,它破除了革命史范式的一些局限。现代化范式强调了凯末尔主义在政治遗产和思想上与晚期帝国之间的延续性和继承性,将现代土耳其的改革置于一个漫长的、源于奥斯曼帝国晚期的现代化进程之中;被后世概括为凯末尔主义的那些理想与实践,并不是凯末尔天才或共和国时代的独创,而是都有其历史的和域外的渊源。哈尼奥卢教授对这种范式上的差异是有自觉的,如他在"引言"中所说,"我试图探讨从奥斯曼帝国末期制度过渡到现代土耳其单一民族国家的那段动荡不安的时期。由此提出它们之间在本质上是有连续性的,这与和此话题相关的编年史中所描述的突然出现断裂截然相反"。

凯末尔领导土耳其人民赢得了民族独立后,在新

---

① 昝涛:《意识形态与历史学——浅析土耳其现代史研究的几种范式》,《北大史学》,第12辑,2007年。

国家中进行了激进的文化与制度变革,尤其是世俗化,将土耳其打造成了一个现代国家。在建国的意义上,独立革命可以说是历史长河中的"刹那",而革命后的变革与建设似乎"永远在路上",其遗产和影响延续至今。不过,对于土耳其激进变革背后的思想动因,尤其是凯末尔那一代领导人对宗教的观念,以往的解释基本上都停留在追求进步、学习西方、历史必然等抽象层面上。哈尼奥卢教授有一个主要目的:"……对阿塔图尔克总的宗教思想、尤其对伊斯兰教的思想进行详尽的阐述。"突出这一点的原因是:"因为宗教在人类社会和他自己国家的作用是他主要关注的领域,而且他在一个穆斯林国家创建了第一个世俗共和国。"这是以往的研究中未曾深入探讨的。①

凯末尔党人对宗教的态度和立场受其所处时代的某些重要思潮的深刻影响。凯末尔的思想并非其个人的原创,土耳其人在这方面的思想也不是原创性的。在凯末尔的求学经历中,世俗主义、进步主义、民族主义、实证主义、科学主义等来自西方的思潮,对他世界观的形成产生了深远影响。凯末尔自小并没有受过系统的宗教训练,对宗教也一向持有某种敬而远之的态度。凯末尔及其同时代的进步主义者都是科学主义者、实证主义者,在他们的历史观中,人类历史就

---

① 〔土耳其〕M. 许克吕·哈尼奥卢:《凯末尔传》,时娜娜译,商务印书馆,2017年,第6页。

是科学与宗教不断斗争的漫长过程,而斗争的必然结果就是科学的胜利、就是科学成为新的信仰体系;与此相对,他们认为,"宗教是虚构的现象,是由其先知在具体的历史条件下创造的";他们视宗教为进步的障碍,为了实现民族的进步,就必须尽量压制乃至消除宗教的影响,并逐步完全以科学指导人类生活的方方面面。这种激进的科学主义发展到极端甚至认为应该废除诗歌,因为诗歌是"不科学的"。哈尼奥卢教授提到,19世纪中期有一种名为"庸俗唯物主义"的德国哲学,"它将唯物主义学说通俗化,把唯物主义、科学主义和进化论的普通观念融合为一种简单的信仰,并坚持科学对社会的作用"。① 这种思潮和运动在德国的影响微不足道,却对近代土耳其的一代精英产生了深刻影响,这种影响在奥斯曼帝国的最后几十年是非常普遍的,在其影响下产生的一种信念就是:要"摒弃宗教信仰"。作者认为,青年土耳其党人及凯末尔主义者的意识形态基础就是这种"庸俗唯物主义"。这是理解和认识凯末尔在土耳其搞世俗化的观念之源。

探讨凯末尔关于伊斯兰教的观念,有利于澄清土耳其世俗化改革背后的思想动因。过去的研究大部分关注了世俗化改革的实践进程,也就是说,人们知道

---

① 〔土耳其〕M. 许克吕·哈尼奥卢:《凯末尔传》,时娜娜译,商务印书馆,2017年,第48—49页。

第二章 凯末尔主义

更多的是做法而不是想法和观念。但人是有思想的行动者,思想观念甚至对人的行动具有支配性的作用,所以,我们不仅要研究人做了什么,还要研究人的行为背后的思想动因。作为一部思想评传,哈尼奥卢教授假定读者已经多多少少知道凯末尔做了什么,他要探索的问题就变成了:他为什么这样做,以及他使自己的做法合理化的依据。这当然是同等重要甚至可能是更为重要的。在一神教社会的语境下,世俗化的问题说到底就是如何处理政治、国家与宗教的关系的问题,因此,搞清楚相关思想者和行动者的宗教观和历史观就很重要。

在凯末尔去世后,由于时代的变化,土耳其官方对宗教的态度逐渐发生了变化,人们在回顾凯末尔党人对宗教的态度时,总会有意无意地强调凯末尔主义不是要消灭宗教,不是要搞无神论,而是要坚持走政教分离的道路,说他主张宗教的私人化,使宗教信仰成为个人纯粹的私德领域的事情。这样的解释并非错误,但这种解释更像是后世的温和世俗主义者的一种婉转说法。他们显然忽视了土耳其庸俗唯物主义者实际的思想状况,哈尼奥卢的研究恰恰呈现了一幅并不那么婉转和谐的图景,他指出,凯末尔没有采取无神论的立场和政策,是因为他意识到伊斯兰教在土耳其社会是根深蒂固的,在一个伊斯兰社会全面攻击伊斯兰教是不明智的。从这个意义上说,凯末尔对待伊斯兰教的温和做法并不一定反映其真实的观念，而是一种实用主义的策略。

实际上，在土耳其存在两种对待伊斯兰的不同路径：一是"重构"伊斯兰教，参照路德教会的历史经验，提出改革伊斯兰教的主张，目标是要抽离宗教的教义、神话、仪式和超验的方面，使伊斯兰教成为一种唯物主义哲学，重构的目的仍然是要实现进步和启蒙，这引起了包括麦加的谢里夫在内的很多人强烈不满，哈尼奥卢认为，土耳其人这种重构伊斯兰教的态度是"一战"期间谢里夫领导阿拉伯人起义的重要原因；二是模仿欧洲社会的做法，使宗教边缘化，凯末尔党人主要是侧重于第二个路径。两个路径目标一致。凯末尔主义对宗教的态度是激进的。

还需进一步了解的是，凯末尔党人在推动世俗化的过程中，在策略的执行上又有什么样的行动逻辑？进一步可以问的是：他们的做法是自下而上还是自上而下的？这两种行动逻辑本身也反映了不同的历史观与世界观。走自下而上的道路就是平民主义的群众动员，走自上而下的道路就是精英主义。历史已经显示，凯末尔党人在土耳其走的是自上而下的精英主义路线。精英主义在当时也是非常流行的政治态度和信念，尤其是凯末尔这样的军官精英，更是自视极高、不相信人民群众。哈尼奥卢简洁地比较了凯末尔与列宁，尽管凯末尔曾经表现出某种亲社会主义的倾向，但他基本上是"装"出来的,是为了获得苏俄的同情和支持而使用的一种策略,凯末尔在精神气质上不欣赏苏俄的做法。

哈尼奥卢从凯末尔本人的成长经历发现了他具有精英主义政治信念的原因。首先,凯末尔从小就是一个地地道道的"学霸",课业上的出类拔萃使他跻身精英阶层。哈尼奥卢研究了奥斯曼帝国晚期所进行的军事体制改革及其后果,在他看来,寄宿的军事高中在通过考试招生方面非常公平,招收的是各省最优秀的学生,尤其是为穆斯林学生在奥斯曼帝国后期向上层社会的流动提供了通道,当时优秀的子弟都想进入军事院校。很小的时候,凯末尔父亲去世、母亲改嫁,原本相对宽裕的家庭经济状况后来变得很糟糕。但凯末尔很小就知道学习好对改变命运的重要性,其成绩一直非常优秀,他是一路通过考试"杀入"了帝国的军官精英阶层。军事高中在 20 多万人的人口基数下只招收 75 名学生,凯末尔榜上有名;18 岁从军事高中毕业时,凯末尔成绩在全班名列第二;军事高中毕业后他又考入皇家军事学院,毕业时名列第八;军事学院内部还有一个参谋学院,是竞争激烈的培养精英的机构,凯末尔因成绩优异而进入参谋学院学习了两年。其次,凯末尔那批精英主义者相信,只有通过精英阶层的"教化","愚昧的"民众才能开化,从而走上进步。他们不相信民众,不走民粹主义的道路,对精英主义的政策选择秉持乐观主义态度,他们坚信,只要假以时日,其政策就可以改造一个社会。在帝国晚期,军事学院最初受法国影响大,但在普法战争后,普鲁士胜利,德国军事教育开始受到关注,至少有两个人对土耳其精英影响极大,一个是德国人戈尔茨(Colmar Freiherr von der Goltz),他的名著《武装的民族》深深影响了凯末尔这代军人,这本书自1886年以来被数代奥斯曼军官研读,深刻影响了他们世界观的形成,该书强调军官不应该只是国家的公仆,而应该成为一国享有优越地位的阶层,要成为社会的引领者,伟大的士兵应该是天生的统治者。晚期奥斯曼帝国的新军看起来像是与世隔绝的精英,他们超然于民众、被西化、自命不凡并且过分地奢望。凯末尔就是他们中的一员,而且是同学们尊敬的一个。1908年的青年土耳其革命为帝国青年军官们实现戈尔茨的理想提供了机会,因为到这个时候,"几乎全部军官队伍开始接受他们有责任将帝国转变为一个武装的民族这一观点"。① 还有一个人的思想对土耳其精英影响很大,那就是著名的法国社会心理学家古斯塔夫·勒庞(Gustave Le Bon),勒庞批判议会,认为国家的未来不能靠议会,凯末尔认真研读过勒庞的代表作《各民族心理变化的规律》等书,哈尼奥卢教授在

---

① 〔土耳其〕M. 许克吕·哈尼奥卢:《凯末尔传》,时娜娜译,商务印书馆,2017年,第34页。

第二章 凯末尔主义

凯末尔的很多批注中发现他突出了精英的作用。[1]

凯末尔是一个魅力型精英领导人。他不是从人民中走来的,他是高高在上的,就像土耳其街头常见的那种他骑着高头大马的雕像,别人只有仰视的份儿,或者他昂首阔步的样子,别人只有跟随的份儿。这与今天的埃尔多安不一样,埃尔多安毕竟是个民选领袖,出身于平民家庭,他是一个精明的平民主义者。

凯末尔不是教条主义者,他既是实用主义的战略家,也是某种程度上的理想主义者,他欣赏欧洲人所取得的近代文明的成就,也渴望使土耳其人能跻身欧洲那种高度的文明民族之列。他的理想甚少教条主义,也没有一个系统的意识形态体系。从凯末尔革命和改革的细节可以看出,他有的是谋略家讲求实际的气质。

凯末尔革命和改革是根据现实条件、先易后难地做事,每个时期只做一件事情,对要做的事情,他会认真研究、制定方略并耐心等待最好的时机。比如,1922年废黜苏丹的契机,是协约国同时邀请安卡拉和伊斯坦布尔的代表参加谈判,这当然是大部分支持独立运动的安卡拉精英们不愿意看到的,凯末尔就借此机会废黜了苏丹,但苏丹同时还具有哈里发头衔,这个问题颇复杂和棘手,不可轻易去碰,因此凯末尔暂

---

[1] 〔土耳其〕M. 许克吕·哈尼奥卢:《凯末尔传》,时娜娜译,商务印书馆,2017年,第42页。

时保留了哈里发职位；革命的胜利、洛桑谈判的成功以及1923年土耳其建国，都使凯末尔的权威猛增，1924年，随着权威和政权的巩固以及条件的成熟，凯末尔力主废黜了哈里发。对凯末尔改革，亨廷顿曾说："改革是由凯末尔计划好的，这种统一——权威——平等，是实现现代化最有效的顺序。"①

凯末尔不只是影响了土耳其人的历史进程，也给广大的伊斯兰社会甚至全世界都留下了一笔丰厚的政治与思想遗产。今天伊斯兰世界正在发生深刻的变化，重新探索凯末尔思想无疑仍有重要意义。

凯末尔主义规约了土耳其共和国现代化进程的方向，并在政治、思想与文化上打下了不可磨灭的烙印。这也正是凯末尔革命与改革对当代土耳其的意义：它历经风雨，却始终挥之不去，它是仍然"在场"的历史。对这个课题的研究、回顾与体验，在历史学家身上或在公众之中每每牵动某种在时间流逝中顽强延续下来的政治或文化的认同，可以说，凯末尔革命不仅创造了使"当代"土耳其能在其中被识读的政治文化，还给这个土耳其留下了各种合法性之争和围绕一种几乎不明确的可塑性的一摊子政治论争。

说到凯末尔对伊斯兰世界的影响，可以说也有一部"全球史"。哈尼奥卢在书中讨论废黜哈里发时，

---

① 〔美〕塞缪尔·亨廷顿：《变化社会中的政治秩序》，王冠华等译，生活·读书·新知三联书店，1989年，第339页。

就关注到土耳其境内外穆斯林的激烈反应;更不用说后来各伊斯兰国家的世俗领导人往往也渴望效法土耳其的凯末尔。巴基斯坦前领导人穆沙拉夫在自己的传记中就曾提到,"土耳其和巴基斯坦有许多相似之处,首先都是信奉伊斯兰教。就像巴基斯坦在1947年建立新的国家一样,凯末尔时期的土耳其也是一个百废待兴的国家。奥斯曼帝国统治结束后,正是穆斯塔法·凯末尔把土耳其从群雄割据的边缘拯救回来。他还废除了一些不合理的旧法,促进了土耳其的现代文明进程"①。穆沙拉夫童年和少年时代由于父亲在驻土耳其使馆工作,而在土耳其生活过七年,这对他"世界观的形成发生了很大的影响"。在中国的20世纪前半叶,也有很多人醉心于土耳其的革命和改革所取得的成功,不管是汉族人还是穆斯林的知识精英,都曾将土耳其作为榜样,蒋介石甚至自比凯末尔。② 伊朗的国王巴列维,也很羡慕土耳其在凯末尔的领导下所取得的成就。

今天,在伊斯兰世界(甚至包括土耳其)越来越少的人还在上述意义谈论凯末尔的世界影响。这可能有一个很重要的原因,那就是凯末尔代表了激进世俗

---

① 〔巴基斯坦〕佩尔韦兹·穆沙拉夫:《在火线上——穆沙拉夫回忆录》,张春祥等译,译林出版社,2006年,第19页。
② 昝涛:《中国和土耳其之间的精神联系:历史与想象》,《新丝路学刊》第1期,社科文献出版社,2017年。

主义的变革路径，但在伊斯兰世界的绝大部分地区，不同程度的世俗主义实践都遭遇了挫折，在长期被认为是成功范例的土耳其，也已经发生了明显的变化。在今天的伊斯兰世界，主流意识形态是不同形式的伊斯兰主义，各种有鲜明西方烙印的世俗主义包括凯末尔主义已经或正在被边缘化。2002年以来在土耳其执政至今的正义与发展党（AKP）实际上是穆斯林兄弟会式的伊斯兰主义政党模式。[①]

凯末尔力图把土耳其古代历史同伊斯兰教剥离的世俗民族主义并不成功。这不是说对凯末尔的情感已经在土耳其消失殆尽，而是说凯末尔主义已经在土耳其被边缘化了。土耳其民间当然不乏更富想象力的创造，人们会根据自己的不同需求想象已经遥不可及的国父，比如，有人说伊斯兰主义已经颠覆了凯末尔主义；也会有人说凯末尔是虔诚的穆斯林；还有人攻击他的肖像。也有人说，在正发党执政的21世纪，凯末尔主义被"私人化"和边缘化了，伊斯兰主义成了公共的。

如今已经处于社会撕裂状态的土耳其，尽管政治伊斯兰的埃尔多安主义占据了主流，但凯末尔主义者仍然是不可忽视的存在，在埃尔多安执政这么久以来，他们不时地就会试探一下民众对世俗主义的态

[①] 昝涛：《土耳其模式——历史与现实》，《新疆师范大学学报》，2012年3月。

度，但每次都遭到激烈的抵制，这就是凯末尔主义之持久性深刻影响的重要例证。但是，凯末尔主义日益被边缘化的现实也表明，对凯末尔主义的僵化理解和处理是有问题的，对当代土耳其的凯末尔主义者来说，他们如果不能从发展的角度阐释凯末尔主义，那么他们自己仍将长期处于权力中心的边缘，土耳其社会围绕国父遗产发生的裂痕也将难以弥合。

对凯末尔主义的遗产进行反思，其实就是反思整个伊斯兰世界的现代化进程和现实。凯末尔所代表的那种源自西方的现代性方案，其在土耳其这个伊斯兰社会的遭遇，给我们一个启示，那就是在一个伊斯兰社会不可能长期打压和边缘化伊斯兰教。仍然需要深入探讨基于伊斯兰传统的现代性。精英主义的时代已经一去不复返了，理解今天的土耳其，离不开伊斯兰主义和平民主义。

三、字母革命

文字的发明标志着人类进入了文明社会，语言和文字是文化和文明的载体。改变一直以来使用的文字，就具有某种文化革命的意义。绝大部分土耳其人都是穆斯林，按照穆斯林的传统，《古兰经》是不能用阿拉伯文之外的其他语言来书写（翻译）和诵读的,清真寺里念经也要使用阿拉伯语。从这个背景来看,土耳其人要对自己的奥斯曼语进行文字上的改革,就不只是一个书写方式变化的问题,同时也就有了进一步在文化形式上与自身的伊斯兰传统疏离的意味,其结果就是伊斯兰作为一种文化在社会层面的日益民族化,这也可以被看成是广义上的文化世俗化的一种表现形式。反过来看,如果在今天要提倡恢复对奥斯曼语的学习,也就有了接续断裂的帝国传统、历史寻根等意味,是某种重建文化主体性的努力,由于奥斯曼语跟书写《古兰经》的阿拉伯语在字母上差别不大,尤其是宗教术语具有通用性,提倡恢复学习奥斯曼语,也就有了与伊斯兰文化传统进一步亲近之意。

11世纪以来,讲突厥语的民族开始在小亚细亚定居下来,从13世纪开始,他们用阿拉伯字母拼写自己的语言。土耳其语言学家把奥斯曼—土耳其语的发展划分为四个阶段:13—15世纪为古奥斯曼—土耳其语时期;15—19世纪是古典奥斯曼—土耳其语时期;19世纪中叶到1908年青年土耳其革命是新奥斯曼—土耳其语时期;1908年之后是现代土耳其语时期,1928年,土耳其共和国开始把传统阿拉伯字母进行拉丁化,就成为现代土耳其语发展的新起点。

"字母革命"发生在一个对现代化充满激情的年代。那个时候,把实证主义、启蒙理想奉为圭臬的国家精英们迫切地想使土耳其赶上西方的进步程度,他们恨不得让土耳其人一夜之间就能脱胎换骨,接受西方文明的科学与理性。在他们看来,用传统的阿拉伯字母进行拼写的奥斯曼语(Osmanlıca)极其晦涩难懂,普及起来非常艰难,既造成了大量的文盲,又严重阻碍了土耳其人向欧洲学习。也就是说,字母的拉丁化是与共和国追求西方化的历史任务密不可分的。

奥斯曼帝国的官方语言是奥斯曼语,这一语言其实是用阿拉伯字母拼写的,但大量吸取阿拉伯语和波斯语词汇杂糅而成。鉴于阿拉伯人和波斯人在伊斯兰文明中的巨大文化贡献,在奥斯曼语中,突厥语元素倒更像是外来语,显得不伦不类。奥斯曼语是一种严重脱离大众语的文言,只有经过长期刻苦的学习才能掌握,普通老百姓很难看懂,这样,掌握这门复杂的官方语言就成了统治精英的文化特权,并反过来强化了他们的特权。

近代以来,随着欧洲在世界范围内的日益胜出与奥斯曼帝国的衰落,连续的军事失利之后,奥斯曼帝国的统治精英逐渐意识到,必须向西方学习,才能与西方抗衡并捍卫帝国的利益。这一以西方化为特征的进程被土耳其共和国所继承。凯末尔当政15年(1923—1938),他励精图治,革除旧俗,使土耳其人以欧洲文明为榜样,在伊斯兰帝国的废墟上,建立起了一个世俗国家。在凯末尔的多项变革措施中,字母革命的影响是最为深远的。

其实，自19世纪中叶的改革时代（坦齐麦特）以来，奥斯曼—土耳其人就开始争论拼写（imla/yazım）和字母的问题。但由于得不到国家政权的支持，这些争论长期以来只局限于少数知识分子的范围。1908年的青年土耳其革命（在土耳其历史上亦称"第二次宪政革命"）之后，关于字母和拼写变革方面的争论进一步扩大影响，一些作家和知识分子以巨大的勇气提出支持拉丁化。1912年，杰拉尔·努里（Celal Nuri）就写道："如果我们想取得进步的话，就必须争分夺秒地去研究拉丁字母……随着字母的革新，一个崭新的思想时代也将在我们面前开启。让我们对自己的语言、文学和字母来一场革命吧，让我们革新吧！"

土耳其独立战争胜利后，也就是1923年2月，在伊兹密尔召开了一次经济会议。也就是在这次大会上，字母拉丁化这个问题被提了出来。来自伊兹密尔的代表纳兹米（Nazmi）与他的两个朋友提出讨论采用拉丁字母的建议，但是，当时的大会主席卡泽姆·卡拉贝克尔帕夏（Kazım Karabekir Paşa）拒绝予以宣读。会后，卡泽姆·卡拉贝克尔在传达给媒体的声明中表示，不能接受拉丁字母，他还说："……让我们还是不要自找麻烦了，希望不要再有这样的想法。不然，我们不就成了完完全全的聋哑（sağır ve dilsiz）

人了吗？而且，在伊斯兰大家庭中，我们也将完全没有立足之地。"从这个拒绝字母拉丁化的声明可以看出，除了害怕再也无法阅读过去的文字，他们还非常担心在伊斯兰大家庭中失去地位，可见，他们意识到，摆脱阿拉伯字母的束缚，不只是个书写方式变化的问题，更重要的还是一个文化取向的问题，这对土耳其在伊斯兰世界的地位将产生巨大冲击。

卡泽姆·卡拉贝克尔的这个声明再次引起了关于字母和拼写问题的广泛争论。克勒赤扎德·哈克(Kılıçzade Hakkı) 以"伊兹密尔大会上的拉丁字母"为题连写了三篇文章，来回应卡泽姆·卡拉贝克尔。1924 年 2 月，议员舒克律·萨拉奥卢在土耳其大国民议会上又提出，"阿拉伯字母不适合土耳其语的书写"，他为采用拉丁字母辩护，使争论进一步扩大化。1926 年，在土耳其的《晚报》(*Akşam*) 上，就字母拉丁化这个问题展开了一次读者调查。但结果是多数人表示反对改变字母。其中，支持接受拉丁字母的只有 3 个人。之后，又有学者就拉丁化这个问题撰写文章进行争论，表示支持与反对的都有。

在争论不休的背后，起决定作用的还是牢牢掌控国家机器的凯末尔党人。他们决意走欧洲化的道路，在字母拉丁化这个方面的决心也越来越坚定。当报纸杂志还在争论是否接受拉丁字母这个问题时，1928 年 6 月，凯末尔以其雷厉风行的惯常风格，命令成立一个"语言委员会"(Dil Encümeni),其目的就是以拉丁字母为基础来创制新的土耳其字母。在这个过程中有语言学家对凯末尔说,从字母推出到普及可能至少需要五年时间,凯末尔闻听此言,十分不悦,下命令说:"要么就不做,要干就几个月把它干完。"结果,在很短时间里,委员会就以拉丁字母为基础创出了29个新字母。这个新系统的独特性是,每一个字母符号的发音是唯一的,学习起来非常容易。

历史上,土耳其字母革命开始的标志,是1928年8月8日晚凯末尔在伊斯坦布尔所作的一次讲话,他说:"朋友们,为了更好地表达我们美丽的语言,我们采用了新的字母。我们美丽、和谐与丰富的语言,将用新的土耳其字母来表达。数百年来,我们的头脑一直处于铁框框之中,我们必须把自己从那些难以理解的符号中解放出来,我们必须明白这一点。"

在这个讲话之后,土耳其全国就掀起了学习新字母的运动。1928年8—9月,凯末尔拿着小黑板,开始在全国旅行,随时随地鼓励和教授人们学习新字母,被人们称为"首席教师"。

1928年10月1日,土耳其大国民议会通过了《土耳其字母采用和实施法》。该法规定分阶段地用新土耳其字母来取代旧的阿拉伯字母。法律规定,自1929年1月1日起,国家机关、公司、银行、协会以及社团在其工作文件中必须要使用土耳其字母,土耳其语出版的图书必须以土耳其字母印刷。1929年6月1日之后,向政府提交的各类申请不再接受旧字母。所有的学校,凡是用土耳其语教学的,必须使用土耳其字母,严禁使用阿拉伯字母出版的图书进行教学。自1928年12月1日开始,所有土耳其语的报纸与杂志也开始用新土耳其字母出版。1929年1月1日,国家教育部直属的公立学校发起了"读写运动"。

在土耳其共和国当局的改革中,字母拉丁化可以说是最具革命性的一步。通过采用西方字母,它也表明了新生的共和国从东方文明向西方文明脱胎转型的坚定决心。对土耳其人来说,以拉丁字母为基础所创制的新字母体系与土耳其语的结构更适合,而以前所采用的阿拉伯字母,在阅读和书写方面都非常困难,现在,这种难度则被大大降低了。老百姓的识字率在短时期内大大提高。当然,较新的研究发现,字母革命并不像改革者期待的那样快速,而是存在一个新旧字母并用的时期,变革是一个较长的过程。

一般地,土耳其的现代化道路被认为是非西方社会学习西方进行转型的一个比较成功的案例。尽管对现代化可以有很多不同看法,尽管对现代性的多元特征可以有更多精彩的阐述,但纵观历史、横看中外,近代以来落后于欧洲的诸民族及其领导变革的精英们,基本上都是把现代化与西化(欧化)看作对等之物。在现代历史上,凯末尔领导下的土耳其变革明确提出要使民族发展达至"现代文明"之程度,在这里,现代文明就是欧洲文明。

不过,当代学者甘阳先生曾以土耳其为反例强调指出:在土耳其全盘西化的改革中,最具魄力和影响力的是1928年土耳其的文字革命,它使后代实际上不能阅读传统的经典文献,"有从文化上彻底断根的效果"。土耳其的现代转变因此被甘先生称为"自宫式现代化道路"。[①] 这种说法当然可以进一步讨论,但站在土耳其改革者的立场看,字母革命的确使土耳其人更容易接受欧洲文明了。土耳其成为中东地区最为现代化的国家,字母革命实是功不可没。但在当代土耳其,伊斯兰传统也没有因字母革命而断根。

四、"放羊的苏雷曼"

引言

2015年初春,在一个飘雪的午后,离开伊斯坦布尔之前,我有意让一个土耳其朋友开车陪我去拜谒了两座陵墓:门德列斯陵和厄扎尔陵。十几年来,我手边的一幅伊斯坦布尔地图上一直标示着这两个地方,

---

[①] 甘阳:《从"民族—国家"走向"文明—国家"》,载《书城》,2004年2月。

或许是因为长期以来我的研究兴趣并不在当代，也就没有想起来去那里看看。人就是如此，当你老了、退休了，虽然还活着，但基本上就逐渐淡出世人的视野了，只有等到死的那一天，人们重又想起，哦，原来他或她曾经如何如何。这就是对死者的纪念。纪念，也不是可有可无的，尤其是对于特定的逝者来说。苏雷曼·德米雷尔（Süleyman Gündoğdu Demirel，1924—2015）活了91岁，算是长寿了，他所经历的那些坎坷岁月，确实是值得纪念的。

2015年6月17日，土耳其前总统德米雷尔因病医治无效在安卡拉逝世，享年91岁。在土耳其，他当总理的总共时长排名第三，仅次于排名第二的现总统埃尔多安（Recep Tayyip Erdoğan），但从组阁次数来说，没有人能够超过他——德米雷尔曾经当过长短不一的七次总理，另外还连续当过七年总统（1993—2000）。这些经历足以使他成为土耳其政坛不老的传说。

1960年，在土耳其连续执政十年的民主党（Demokrat Parti）被军人政变推翻，这是土耳其共和国历史上的第一次军人干政。曾被毛主席称为"美帝国主义走狗"的阿德南·门德列斯（Adnan Menderes，1899—1961）被军政府逮捕、审判和绞死。后继的是新成立的两个新政党——正义党（Adalet Partisi）与新土耳其党（Yeni Turkiye Partisi）。民主党原先的人物大部分进入这两个政党。德米雷尔就是在这个时候登上政治舞台的。

德米雷尔有个外号叫"放羊的苏雷曼"（Çoban Sülü），这来自他对出身的毫不讳言。德米雷尔出生在土耳其西南部一个贫苦的农民家庭，他小时候放过羊。也因此，后来有人说他是"从人民中走来"的领导人。德米雷尔是靠教育改变了自身的命运，他毕业于伊斯坦布尔科技大学，学习的是水利工程，纯工科专业，但他不是个头脑死板的人，懂得人性，明白妥协之重要。他很早的时候就曾被门德列斯相中，负责水利工作。

德米雷尔不到40岁就进入主流政党的领导层。1962年，在正义党的第一届大会上，德米雷尔被选进党的总务委员会（Genel Idare Kurulu），成为正义党高级领导人之一。正义党让他担任国家水利总局（DSI）的局长。1965年，正义党在大选中获得53%的得票，41岁的德米雷尔成为土耳其第12任总理，也是土耳其历史上最年轻的总理。直到今天，41岁，对于土耳其的高层政治家来说，真的还非常年轻。

虽然1960年的军事政变推翻了门德列斯，但门德列斯的遗产是厚重的，无论从政治还是经济上来说，门德列斯的遗产并没有被清除掉，被清除的只是几个人而已。德米雷尔继承了门德列斯，尤其是土耳其自

1950年代以来突飞猛进的现代化进程,并没有因政坛的剧变而停滞,正是德米雷尔把门德列斯时代开创的现代基础设施建设继续深入推向全国,比如,土耳其大部分地区都实现了通公路。

德米雷尔当总理的时期,正是土耳其的政治剧变的时代。当时,全世界都陷入学生运动之中,土耳其也不例外。游行、占领大学的事情屡见不鲜。历届政府不得不去处理这些复杂的社会—政治问题。土耳其政治在这个时期,日益面临两种矛盾的困扰,一个是世俗与宗教的,另一个是左与右的,后者在当时更为严重。这是土耳其现代化进程的一个必经阶段,也与冷战的时代大背景关系密切。

不管怎么说,20世纪60年代和70年代,是土耳其政治动荡的时代,经济的发展、人口的迅速增长、城镇化与意识形态的冲突造成了社会的分化。1973年的时候,他又赶上了石油危机,作为贫油国的土耳其,深受冲击。德米雷尔的政治生涯,有一大部分时间就是在这种风雨飘摇的局面里度过的。

1971年的时候,军方以一纸备忘录迫使德米雷尔下台。这是土耳其历史上的第二次军人干政。数年后,德米雷尔又重返政坛。1980年9月12日,因为左与右的暴力冲突使土耳其社会陷入剧烈的动荡,联合政府难以产生,第三次军人干政发生了。这个时候,德米雷尔被限制参与政治,直到1987年,才被解禁。那一年,他62岁。

1980年军事政变后的土耳其进入厄扎尔(Turgut Özal,1983—1989年任土耳其总理,1989—1993年任总统)时代。这是一个改变国家发展战略,实行改革开放,从进口替代到出口导向,努力加入全球化进程的时代。土耳其社会结构发生了深刻的变化,新的中产阶层开始出现,持续多年的强固的凯末尔主义开始松动了。这一时期的重要变化,打上了厄扎尔的烙印,德米雷尔是个重要的配角。

在1991年的大选中,当时已经是正确道路党(Dogru Yol Partisi)主席的德米雷尔,在与社会民主人民党(Sosyal Demokrat Halkci Parti)组成的联合政府中出任总理,这也是他最后一次担任总理职务。1993年,厄扎尔突然在任上去世。1993年5月16日,德米雷尔成为土耳其共和国第九任总统。他一直干到2000年5月16日。

1990年代是土耳其政府与库尔德工人党斗争的关键时期。正是在这个时期,德米雷尔在1992年表示承认土耳其存在库尔德问题(Kurt realitesini taniyoruz),这是他后来经常强调的,即正义与发展党所谓的解决库尔德问题不是什么新鲜举动。他的这一时期还有一个影响甚大的事件是1993年7月2日在锡瓦斯(Sivas)的马德马克(Madimak)酒店发生火灾,33位作家和艺术家丧生。

第二章 凯末尔主义

在退出政坛之前,德米雷尔干的一个重要事情大概就是1997年的2·28军人干政了。这个事情后来被称为"后现代干政"(post-modern darbe)。简单来说,就是艾尔巴坎的繁荣党政府因为伊斯兰主义倾向而被军方赶下台,其中德米雷尔被认为是主谋。德米雷尔并不认为2·28是军人干政,因为议会和政党当时还照常运转。土耳其媒体人士,穆斯塔法·耶尔马兹(Mustafa Yilmaz)说,"因为议会没有被关闭,所以只能说是后现代的干政"。为德米雷尔辩护的人认为他拯救了国家,是个伟大的政治家(buyuk siyaset adami)。

德米雷尔不是个开拓者,也很难说是个守成者,毕竟,他所处的时代,一切都处于不确定之中。过去,我很少关注德米雷尔,虽然时不时碰到一些报道或文章里提到他的名字、事迹或者语录,但是,跟凯末尔、门德列斯、厄扎尔、埃尔多安这些土耳其政坛名流相比,德米雷尔只能位居二流。但他活得足够长,参与的也足够多。上面这些人所主宰的岁月里,他都曾走过,是一个十分重要的配角,同时,在那些混乱、动荡的年代里,德米雷尔是一个很好的应对者。

直到今天,土耳其还没有完全脱离工程师治国的时代。但这个变化的轨迹是明显的,接任门德列斯总统的人是塞泽尔(Sezer),他是个法学家,再后面出任过总统的人有居尔,是个经济学家,埃尔多安也是穷人出身,而且还是踢足球出身的,后来成为总理的是前外交部长阿赫麦特·达乌特奥卢(Ahmet Davutoglu),他是个儒雅的研究国际政治的学者、战略家。

所有这些人,德米雷尔都认识、知道和了解,他见证了土耳其共和国自1946年民主化以来的所有历史进程,并且是中间那段最混乱时期里的"弄潮儿"。很难说他留下了什么样的遗产,这与门德列斯、厄扎尔、埃尔多安都是很不一样的,埃尔多安的时代正在进入晚期,但他注定为土耳其的历史留下一笔丰厚的遗产。

正如德米雷尔曾说过的,"此一时也,彼一时也"。① 历史是在不断地发展的。即使在退出政坛之后,一旦土耳其发生什么不好的大事,一些信任德米雷尔的人就会给他打电话说:"爸爸,救救我们吧!"2015年6月7日议会选举之后,土耳其的联合政府还在难产之中,而德米雷尔这位土耳其的资深政治家在看到最终结果之前已经离开了人世。据说他非常不喜欢伊斯兰主义政治,退出政坛后的德米雷尔看到的却正是伊斯兰色彩浓厚的、保守的正义与发展党连续三届执政。他去世前看到了——正义与发展党一度失去议会多数地位……

---

① "Dün dündür, bugün bugündür". 直译就是"昨天是昨天,今天是今天"。

伊斯坦布尔的被遗忘,不仅仅是一个时移势易的自然过程,她也是被刻意疏远和遗忘的。

第三章
文学与政治

第三章 文学与政治

一、帕慕克的历史—政治观

1. 政治尴尬与文化依恋

2006年10月12日,当诺贝尔文学奖颁给时年54岁的土耳其著名作家奥尔罕·帕慕克(Orhan Pamuk)时,大家才意识到,原来我们对这个产生了文学新秀的国家以及它的文学与文化是多么的陌生。与此同时,笔者2005年在土耳其的游历也让我明白,土耳其人对中国的不了解,跟我们对他们的陌生是一样的。所以,我们不了解帕慕克这个人和他的文学也就毫不奇怪了。

实际上,土耳其人也知道,国际舞台历来都是由大国主导的,世界人民对土耳其并没有太多的兴趣和了解。所以,在一个具有国际影响力的最高文学奖项被授予了土耳其作家后,土耳其人是有理由自豪和骄傲的。土耳其教育部长给帕慕克发了贺信，他在信中指出，这是土耳其在世界上提升自己的绝好机会，是一个令人感到幸福的时刻。一位颇有影响的土耳其学者说："作为一个小说家的帕慕克赢得了诺贝尔文学奖。这是土耳其以及土耳其文学的光荣。"土耳其出版联合会主席麦廷·杰拉尔乐观地预见，帕慕克的成功将使得土耳其文学为更多人所知。

有人可能会认为，帕慕克的获奖必将会在他的国家受到一致的赞扬，毕竟，获奖是一件令人高兴的事情，是成功的标志，何况是诺贝尔奖。但实际情形并非如此。单从土耳其媒体的评论来看，我们可以说，土耳其人对帕慕克的获奖虽然高兴，但又持明显的保留和怀疑态度。比如有人说："他获奖不是因为作品而是因为言论；他获奖是因为他贬低了我们民族的价值观。我为他感到羞愧。"在这高兴的时刻，为什么会发出这种声音呢？这还得从帕慕克本人的经历说起。

2005年12月，笔者当时正在土耳其访学。在那一段时间，土耳其的报纸上充斥着有关帕慕克的报道。这引起了我的兴趣。原来，作为著名作家的帕慕克因为发表了所谓"有辱土耳其国格"的言论而被送上了法庭，面临四年牢狱之灾的控诉。12月16日正是开庭审判的日子。

第三章 文学与政治

事情的起源是这样的：2005年2月6日，帕慕克在瑞士接受了一家媒体的采访。在访谈中，帕慕克说了如下的话："在土耳其，曾经有3万库尔德人和100万亚美尼亚人被杀害。除了我，几乎没有人敢说这些事情，民族主义者们也因此而仇恨我。"这句话便是帕慕克被起诉的原因。

帕慕克提到的是土耳其政治上的两个极为敏感的问题。库尔德人是土耳其的一个少数民族，但自1923年土耳其建国以来，官方长期并不承认库尔德人的少数民族地位。自20世纪60年代以来，库尔德人在库尔德工人党（PKK）的领导下发起了争取独立的分裂主义运动，这自然遭到土耳其历届政府的镇压。1999年，库尔德工人党的领袖奥加兰被捕，这个问题才逐渐缓和下去，但直到今天，库尔德问题仍然没有得到彻底解决。库尔德工人党时不时在土耳其搞恐怖袭击，现已在国际上被确定为恐怖组织。土耳其官方把库尔德问题确定为内部叛乱，但欧盟国家以此指责土耳其政府不尊重少数族群的权利。这个问题是土耳其加入欧盟过程中的一个障碍。

亚美尼亚问题其实是个历史问题。在历史上，亚美尼亚人生活的地区隶属于奥斯曼帝国的东部。据估计，在1915—1918年间，有100多万奥斯曼帝国的亚美尼亚人被杀害。我们知道，奥斯曼帝国的统治民族是讲土耳其语的穆斯林。1919年后，原先地跨欧亚非三大陆的奥斯曼帝国彻底崩溃，1923年，土耳其人在凯末尔的领导下建立了一个新的国家，即土耳其共和国。现在的问题是，亚美尼亚人要土耳其人承认他们曾在历史上对亚美尼亚人进行了种族"大屠杀"，而土耳其历届政府均激烈否认种族屠杀的指控，认为亚美尼亚人是死于奥斯曼—土耳其帝国崩溃时的内战，且死亡数字被严重夸大了，土官方长期认为当时发生的是悲惨的民族冲突，也有大量的土耳其平民被亚美尼亚人杀害。目前欧美主流舆论比较接受的说法是：第一次世界大战时被杀害的亚美尼亚人约有100万人。但对于这一悲惨事件的性质，在土耳其与外国的历史学家和政治家层面尚未形成共识。

对帕慕克构成最大威胁的就是他承认存在亚美尼亚大屠杀。就是因为他的这个言论，帕慕克在国内到处遭到土耳其大量存在的民族主义者的谩骂甚至人身攻击。2005年6月，土耳其颁布了新的《刑法》，其中第301条规定，攻击和贬损土耳其国格的人将受到6个月至3年的监禁，如果这种攻击发生在国外，其刑罚则相应地增加1/3，所以，帕慕克将因为其在瑞士发表贬损土耳其国格的言论而受到4年监禁这最为严厉的刑罚。不过，因为帕慕克在欧洲的名声太大了，欧盟对土耳其政府的做法表示了强烈的不满，认为土耳其应该保障言论自由。伊斯坦布尔法院最终以所谓法律上的"技术考虑"而搁置了对帕慕克的审判。

更有戏剧性的是,就在帕慕克获得诺贝尔文学奖当天,法国众议院通过了一项有关奥斯曼帝国在"一战"期间"屠杀"亚美尼亚人的法案。法案规定,任何否认这一历史事件的人都将会面临一年的监禁和45000欧元的罚款。目前在法国有50多万亚美尼亚裔法国人,他们中的许多精英人物已经或者曾经是法国政界和商界的高层,因此,法国议会通过这一法案并不奇怪。土耳其驻法大使馆在这一法案通过后进行了紧急磋商。一位使馆工作人员说,"在土耳其的历史教科书里没有'屠杀'这样的字眼,这只是一场民族冲突的悲剧,土耳其人同样也是这一冲突的受害者",因此这一法案无论如何是"不能接受的"。土耳其总统表示,绝对不会接受这样的一个"丧失理智"的法案。

让人觉得更有视觉冲击力的是,在2006年10月13日的土耳其报纸上,一边是帕慕克获奖的新闻,旁边则是土耳其人高举旗帜游行反对法国提出的所谓"亚美尼亚大屠杀议案",不承认"亚美尼亚大屠杀"就是违法。次日,土耳其总理埃尔多安对此事作出正式回应,他激烈地批评"法国让自由蒙羞"。埃尔多安还呼吁土耳其民众抵制法国商品,以此作为对法国"不友好"的回应。虽然时任法国总统希拉克已经给埃尔多安打电话,说他对此事表示道歉,并说他将尽力阻止该法案成为法律,但当时土耳其举国上下仍然对法国充满了怨恨。更具讽刺意味的是,亚美尼亚人为帕慕克的获奖而欣喜若狂。

法国的"否认亚美尼亚屠杀即为违法"这一议案为帕慕克的反对者提供了炮弹,他们毫不犹豫地说,帕慕克因为讨好西方而获奖。从2006年10月13日开始,围绕着帕慕克的获奖,土耳其媒体发生了分裂。除了那些溢美之词,我们还可以发现在土耳其各大媒体的评论和反应中夹杂着质疑的声音。有些人把帕慕克的获奖与帕慕克的言论挂钩,不疼不痒地说,看看诺贝尔文学奖的历届得主,往往都是批判自己国家的人,不管这些人说的是否正确。他们认为,帕慕克的获奖一定跟他批判土耳其政府的观点有关。极右翼的人士在这一点上是毫不犹豫的。他们坚定地认为,帕慕克就是因为发表了符合欧洲人看法的观点——承认"亚美尼亚大屠杀",才被评上诺贝尔奖的。

围绕着一个文学奖项,竟发生了如此激烈的政治辩论,这实在耐人寻味。对于2006年的诺贝尔文学奖得主帕慕克来说,这无疑是他所遭遇到的最大尴尬。尽管帕慕克一直说自己与土耳其主流文化保持着较远的距离,但他的文学同时又被世人解读成,探索和追忆土耳其民族的过去。也就是说,帕慕克对土耳其民族的历史有着深深的情结。尽管帕慕克的外语已经好到可以写作的程度,但他仍然坚持用土耳其语写作,在中国大陆翻译他的作品时,他坚决要求从土耳其文直接翻译,而不是从英文转译。就是这样一个热爱自己的民族和文化的作家,却在自己的国家因为政治观点受到普遍的批评,对于他而言,难道内心就没有不可言喻的痛楚吗?当然,在土耳其,帕慕克也不是没有支持者。笔者在土耳其的报纸上读到,有很多人以言论自由为理由为帕慕克辩护,还有些作家、记者自发地组织起来声言支持帕慕克。但不可否认,这种声音敌不过数量更多的民族主义者对帕慕克的"讨伐"。在官方眼中,帕慕克的言论更不受欢迎。

阅读《我的名字叫红》时,我感到的是一种深沉的文化忧郁。对于当代土耳其人来说,帝国已经是不可捉摸的遥远梦境。与中国不同的是,直到那时,在土耳其的电视台上,还几乎没有播出过一幕有关帝国的古装剧。土耳其人生活在现代与当下,心系"欧盟"。帕慕克却以小说的形式呈现给他的读者一个真实的过去——16世纪,奥斯曼帝国的极盛时代。

尽管当帕慕克接到瑞典皇家学院秘书荷罗斯的电话时,他正躺在纽约的床上,但他首先意识到的仍然是,他的获奖乃是为了土耳其语言和文化而庆祝——这是对自己的民族与文化的认同。在我看来,帕慕克认同的是另一个土耳其,即伊斯坦布尔的土耳其(传统的奥斯曼—土耳其),而不是安卡拉的土耳其(革命的土耳其)。正如他在小说中写道:"我从来没有离开过伊斯坦布尔——从来没有离开这些房屋、街道和邻居。尽管我时不时生活在别的地方,50年过去后我仍然发现自己还在拍第一张照片的地方,在我还躺在母亲臂膀里的地方。"

2. 读《伊斯坦布尔:一座城市的记忆》

读帕慕克的《伊斯坦布尔:一座城市的记忆》,扑面而来的还是一种深沉的忧郁之感,甚至仅仅读了开头几页,就让人不能不断定,与伊斯坦布尔这座城市纠缠在一起的记忆是灰色而忧郁的。帕慕克这样描述伊斯坦布尔那从过去一直绵延至今的忧伤:

> 奥斯曼帝国瓦解后,世界几乎遗忘了伊斯坦布尔的存在。我出生的城市在她两千年的历史中从不曾如此贫穷、破败、孤立。她对我而言一直是个废墟之城,充满帝国斜阳的忧伤。我一生不是对抗这种忧伤,就是(跟每个伊斯坦布尔人一样)让她成为自己的忧伤。

之前,在我个人有限的阅读经历中,我还几乎从未读到如此描述故乡的文字。游子思乡的情绪自然是忧伤的,但那忧伤不是故乡本身赋予的,而是由对故乡的思念引起的。更何况,1952年出生于伊斯坦布尔的帕慕克并不是作为一个远在异乡的游子在写作。他

第三章　文学与政治

几乎从未离开生他养他的这座帝国古都，就是在他的感觉里，也是这样。帕慕克从小到大喜欢玩的一个游戏竟是"我想象我坐的地方实际上是别处"这样的白日梦。

只有从历史去感受伊斯坦布尔的忧郁才是真实而深切的。1453年，当年轻的奥斯曼"征服者"穆罕默德二世终于攻陷君士坦丁堡时，他实际上是践行了伊斯兰教先知穆罕默德的圣训，真正把伊斯兰教的领土向西扩张到东罗马帝国的腹地。之后，土耳其人利用大自然赋予这座山城的优越地位，在山顶上建筑了雄伟的清真寺，使伊斯坦布尔的轮廓成为世界上令人惊叹的城市景观之一。甚至到20世纪20年代末，当两个美国宇航员从华盛顿起飞进行他们的首次世界航行之时，在一个没有雷达导航的时代，他们把伊斯坦布尔作为自己的降落地，因为只有当他们到达这个城市的上空时，才能发现那几乎完全异于欧洲的典型风格，只有他们看到这个，才知道他们到达了刚刚逝去的奥斯曼帝国的曾经的首都。

18世纪奥斯曼抒情诗人如此赞颂他们的首都：

伊斯坦布尔，无与伦比的城市，你像宝石般举世无双，

横跨两海，发出闪闪光芒！

你的小石一块，我想，就远远超过伊朗的所有宝藏！

灿烂辉煌，犹如普照世界的太阳。

你的花园，你的美景，乃是乐神的模样，

你的绿荫深处，散发着玫瑰花香，充满着爱神的魅力，比美神的天堂。

今天生活在北京城的老北京，应该没有帕慕克的忧伤。因为这里早已没有了帝国斜阳的景象。在我们的书里这样描述中华人民共和国的缔造者们：伟大的革命前辈挑着扁担一直从井冈山进入北京城"赶考"。或许我们只能从1911年之后的几十年中找到北京城的忧郁。但是，这忧郁只是历史性的，它并未穿透历史回到当下。

当土耳其如"凤凰涅槃、浴火重生"从奥斯曼帝国的废墟上建立起来之后，伟大的革命领袖、土耳其共和国第一任总统穆斯塔法·凯末尔却迟迟不愿造访这座曾经辉煌数个世纪的古都，而宁可待在安纳托利亚那饱受贫困与战争创伤的如乡村般的城市——安卡拉，并立志要把这里建成新的首都。在我看来，这正是现代伊斯坦布尔忧郁的开端。直到1927年，也就是共和国建立四年之后凯末尔才重新回到这座他熟悉的老城。他不是游子返乡，而是作为胜利者来的。这个已经巩固了自己政权的民族主义领导人心态变了，他不再把伊斯坦布尔看作自己早年政治失意的场所，他泰然地搬进了帝国皇帝曾经居住的建造于19世纪的新王宫——多尔马巴赫切（Dolmabahçe Sarayı）。

但这个过程里有些细节仍值得我们玩味。伊斯坦布尔的舒适留不住这个共和国领袖的心。他虽然病逝于此，但在他去世之前的日子里，他日夜想念的是回到首都安卡拉，每当他手捧一杯咖啡独自呆坐的时候，他那漂亮的钢青色眼睛里满是对安卡拉的思念。因此，在他逝世之后，国葬仍然要在把遗体护送到安卡拉后举行。

伊斯坦布尔的被遗忘，不仅仅是一个时移势易的自然过程，她也是被刻意疏远和遗忘的。但在21世纪，伊斯坦布尔的市长发誓要恢复这座城市往昔的荣耀；国家投资的大型基建项目从未停止；历史地位仅次于国父凯末尔的当世领导人埃尔多安，宁愿更多地待在伊斯坦布尔，而不是首都安卡拉……

二、在宗教与世俗之间

2020年，假期或疫情期间，多少还是读了一点书的，还有很多文章。不过，大部分是带着某种目的去阅读的，要么是想了解迅速变化的现实世界，要么是因为工作的需要，也就是为了教学或科研。这种阅读，多少都是有某种功利性的，个人觉得没太大的意思。纯粹出于兴趣闲读的东西不多，一来因为时间有限，二来因为心境也不太合适，所涉猎者主要也是文学方面的。

这里只讲一个，就是土耳其青年女作家艾斯·瓦哈伯鲁（Ece Vahapoğlu）写的《亲爱的彼方》（Öteki）。作者的名字 Ece，音译可以是"艾洁"，意思是"女王、美女"。她1978年出生于伊斯坦布尔，但她的教育背景很西化，在罗马和法国拿到的本科与研究生学位，专业分别是管理学、国际关系，她还是土耳其非常有名的节目主持人、作家和记者。小说的名字 Öteki，译成英文就是 *The Other*，中文版加了个"亲爱的"，这是花城出版社引进出版的现代土耳其女性小说系列中的一本。其实，吴小燕翻译的这本书并不是很新了，是2015年出版的。从一些语词的翻译来看，这本书应该是从英文版译过来的。这本书的中文本有一个明显的优点，就是译者加了很多注释，对于了解现代土耳其的历史和当代土耳其的文化、政治与地理，比较有帮助，也方便不了解土耳其的人更好地阅读此书。当然，这毕竟只是一本小说，部头也不大，应该很快就能够读完。我读这部小说，完全是出于偶然，是在网上看到的，事先对小说和作者本人都不了解。

严格来说，这应该是一部女性小说，当然并不是说只给女性写的小说，而是一部女性作家写的、以女性为对象的、反映当代土耳其女性的生活世界的

第三章 文学与政治

小说。

简单讲,这本小说设定的时代背景是 21 世纪头十年的土耳其,是埃尔多安领导的正义与发展党(AKP)执政的时期。小说有两个女主人公,一个是接受了西方现代教育、当主持人、过着西方化和世俗化生活、婚姻幸福的埃辛,另一个也是在西方接受过教育、但出身于宗教保守家庭、父亲是富裕的地产商人的库巴拉。作品的前半部分是两条平行的线索,交替叙述库巴拉和埃辛的不同生活,完全可以想象,库巴拉虽然接受了现代教育,但深受宗教保守主义和家庭的影响,她戴头巾,虔信宗教,规规矩矩地礼拜,处处听父母的话,不能自由恋爱……埃辛则完全是一个以自我为中心的现代女性,有一份自己热爱的职业,对宗教几乎一无所知,自由恋爱,热爱健身,完全生活在世俗圈子之中……但在小说的后半部分,这两条平行线相交了,也就是埃辛和库巴拉偶然地相遇了。当然,她们读书时就相互认识,只是交往不多。

工作后的邂逅,让她们重新建立起来联系,并开始交往。她们对彼此都是充满好奇的。尤其是埃辛,她并不了解戴头巾女性的生活世界。她们的交往很快就触及了信仰这个问题。而对宗教非常隔膜的埃辛,竟然在好奇心的驱使下,去尝试戴头巾的感受。在这个过程中,库巴拉就像是老师一样指导着埃辛。而埃辛也开始发现自己以往对宗教保守人士的认识过于简化和平面化了。作品这里想反映的一个主题是，不能单凭一个人的外在着装去判断她/他。不过，埃辛的举动让她的完全世俗化的丈夫感到不解与可笑。小说对这个相交过程的处理，是很吸引人的，因为这象征着土耳其社会宗教与世俗两极之间的接触。也正是通过对这个过程的叙述，作者可能希望呈现土耳其社会宗教和世俗的两种生活方式的撕裂，以及探索两者互相理解的可能性，而库巴拉和埃辛则分别是这两种生活方式的代表者。

对库巴拉来说，这个交往还带来了另一个后果，就是本来她的情感生活并不幸福，她的未婚夫也并非自己的选择，而是父母的决定，她并不喜欢这个男人，但又不得不与之交往。而与埃辛的深交，使库巴拉意识到，自己可能爱上了埃辛。当然，这里描述了同性之恋。

以上就是这部小说的主线。围绕着主线，还会有很多涉及土耳其社会的议题，在这个意义上这也是一部社会问题小说。在小说中贯穿着非常重要的一个主题就是撕裂了土耳其社会的伊斯兰头巾问题。小说在多个地方详细描述了人们围绕头巾问题发生的争论，以及不同人的感受，虽然没有结论，但可以很生动地了解土耳其社会对此的不同观点。实际上，这就是文学面对正义与发展党挑动的相关政治议题的一个反映。

第三章 文学与政治

应该说，这是一本可以比较好地了解当代土耳其的小说。对于了解普通人，尤其是土耳其大城市的中产阶层的三观与生活是很有帮助的，它触及了一个深刻的、事关每一个人的主题，就是关于信仰、精神与日常生活，还有一个就是土耳其这个社会的分裂。这个分裂不只是一群人与另一群人之间的，也包括每个人自己的。库巴拉的父亲希克马特先生是一个富商，以传统方式生活，笃信宗教，但仍然要为自己的欲望寻找宗教的合法性出口，他包养情妇，有了私生子，但他是通过举行不为世俗国家所认可的宗教婚礼来实现的。库巴拉是戴头巾的女孩，但受过高等教育，虔诚保守，却活得很压抑与顺从，但她也并不古板，她对世界永远能够做出符合宗教经典的解释，这是让埃辛很受触动的方面。

在小说的结尾，埃辛开车送库巴拉回家，路上出了车祸，这里面有一个很异样的结尾，就是埃辛忍着剧痛，把库巴拉的头巾扯了下来，救了她一命，因为车祸让头巾正好勒住了库巴拉的脖子，差点窒息而死。这个描述，不知道是一个什么样的隐喻。对埃辛来说，她也尝试过戴头巾，但的确只是出于好奇而已。她也丝毫不掩饰那给她带来的不适，同时，她也体会到了一些新奇之处，比如，戴头巾的女孩似乎的确更少受到性骚扰。小说似乎想告诉读者，每一个历史悠久、长期存在的社会群体都有它的规则，即便不为外人理解。

经常有学生或朋友问我这样的问题:很喜欢土耳其,但不了解,应该读什么书。这种时候,我一般会推荐一些文学作品,尤其是历史小说或有现实主义特点的文学作品。前些年帕慕克拿了诺贝尔文学奖,后来他的很多书就被翻译成中文引进来了,其实也带动了不少跟土耳其有关的各类作品的引进,这是非常值得肯定的。因为相对于绝大多数严肃的学术作品,文艺更具亲和力、大众性和影响力。

三、《狼图腾》与"土耳其史观"[①]

1

记得在大一的时候,作为历史系的学生,我读过一本书,书的名字叫《历史学家的技艺》[②]。作者是法国著名的历史学家布洛赫(Marc Bloch)。第二次世界大战期间,法国被德国占领,布洛赫因为有犹太人血统,所以受到纳粹的威胁。他本可以流亡去美国,但

---

① 本文作于大约2009年,在本书出版之前未曾发表过,收入本书时略有修改。
② 〔法〕马克·布洛赫:《历史学家的技艺》,张和声、程郁译,上海:上海社会科学院出版社,1992年。

他是个很爱国的人,就坚持留了下来,参加了抵抗组织,并成为其中的一个领袖人物,后来布洛赫被纳粹德国的盖世太保逮捕,被枪决了。在战争期间,布洛赫构思了一本小书,但很可惜,还没有完成,他就牺牲了。这本书就是《历史学家的技艺》。

我记得,布洛赫在开篇曾说,他的小儿子曾经很天真地问他:"告诉我,爸爸,历史有什么用?"① 其实,这当然不是个很容易回答的问题。作为历史系的学生,我对此的感受就更为深刻了。因为,当一门学问不能产生直接的经济效益,不能直接促进生产力的发展时,人们对它的用处提出疑问,这是很自然的。直到现在,这种问题也不是特别地容易回答,虽然,历史学者可以用哲人的方式提出高明的所谓"无用之用"。现在,我也还是不能给一个很好的答案。在这个世界上,有些问题或许永远没有终极答案。

尽管已经被调侃成各个单位门口保安的"灵魂之问",但对每个人来说,生而为人,总难免去追问意义的问题,这最终就不得不去思考:我们是谁?从何处来?到何处去?这些问题,不只是哲学的或宗教的,当然也是历史学的根本性问题。

---

① 〔法〕马克·布洛赫:《历史学家的技艺》,第7页。

2

以前,我还经常逛书店。回想起来,有段时间,书店里的畅销书大多是教人处世、经商、管理的书,尤其是,它们往往是以"狼"来命名的,像什么"狼性法则""狼性经理"等等。狼这种动物,好像突然地就成了人类的"老师"。我觉得,这种现象很可能要归因于一本很畅销的小说《狼图腾》①,后来它也拍成了电影,但无法呈现小说的深度。据说,《狼图腾》这书至少卖了几百万册,在当时,是几十年来中国最畅销的文学作品。

那么,《狼图腾》这本书为什么会畅销呢?除了商家的制作外,作者自己还说:"它带给了当今人们缺少的东西。"

作为一名历史系的博士生,我并不是在出版商或媒体的信息轰炸下了解到这本书的。实际上,在2005年第一次去土耳其访学之前,我就听说过一本关于狼的书,但我还不知道那就是《狼图腾》。因为,我是通过英文和一个土耳其人了解到这本书的存在的。这位土耳其人就是我的老师涂逸姗教授(İsenbike Togan,土耳其历史学家、中亚史专家,也是土耳其的汉

---

① 姜戎:《狼图腾》,武汉:长江文艺出版社,2004年。

学家)。涂教授是我的恩师,我的土耳其语就是她带我入门的。2005年上半年,涂老师在北京大学访问期间,我们有很多的接触。不过,在当时,我并不明白涂老师为什么会对一本跟狼有关的书如此感兴趣。

当时的情形,至今我还历历在目。具体记不清是2005年的几月份了,在北京大学燕东园的临时公寓里,涂教授曾顺手递给我一份英文报纸,其中有一版就是一本关于狼的书的,差不多一年以后我才知道那就是《狼图腾》,印象中那一份英文报纸上似乎还有部分原文的英译。涂老师问我是否知道此书,我说"不知道"。她就跟我强调说,这书现在很受欢迎,而且的确非常好,很值得看。我还记得,涂老师最后向我强调:"你不是研究土耳其嘛,你要想了解土耳其人,这本书对你应该是有用的!"

可惜,我当时特别忙,特别是正忙于准备要去土耳其访学,更不用说被博士论文的思路折腾得天天头很大,更无暇去想那些文学方面的事了。所以,我那会儿并没有把老师的话太当回事,博士生们一向是很"实用主义"的。

2006年初,我从土耳其回来后,先是病了一场。病愈后不久,一个很巧的机缘,我在书店里邂逅了《狼图腾》,翻一下这本书,涂老师的话就再次浮现在我的耳边,而且,终于对上号了,涂老师给我看的英文报纸上介绍的书,就是这本《狼图腾》,于是,我就毫不犹豫地就买下了它。

3

小说很吸引人,可以说是引人入胜。我很快就读完了此书,而且读得很仔细。当时的一个重要的感觉是,刚刚出国回来,比较长时间没有什么机会接触汉语读物,回国后贪婪地通过母语阅读《狼图腾》,使我也有种语言上的亲切感。具体的故事,这里就不赘述了。

跳出小说的范畴,我觉得最重要的,是《狼图腾》回答了一个问题:"我(们)是谁?"这本书最后一部分叫"理性探掘",可能纯粹喜欢文学和故事的人,直接就略过不去读了。如果读过这部分,就会知道,他其实是在讲历史,当然,更重要地,是阐述自己的历史观,也就是作者认为的"狼性"和游牧/农耕民族的民族性以及历史的关系。

大概有人不爱读这些思想性的文字,但其实,对于姜戎这个作者,我想,他应该是个有大关怀的人,也就是说,他不是纯粹出于文学的兴趣来写这一本小说,更重要的是,他看起来非常渴望通过小说来讲一个道理,而他的道理其实就集中在"理性探掘"这一部分里。

我个人阅读的体会是,作为一个汉族人,作者本人自视为一个没有狼性的、农耕民族的后裔，对于自己的出身和"民族性"，他是很不满意的，也是很不满足的。为什么这么说呢？读他的文本就可以看到，他讲了很多趣事，是他在草原插队的时候遇到的，的确，那些是我们这些农耕民族一般情况下看不到的，也是难以理解的，比如，草原的环境下的围猎、杀狼、保护羊群等等。对我们这些没有亲自干过或经历过的人来讲，那些场面是惊心动魄的。

在作者描述的草原生活里，通过主角的视角和体会，他感觉到并传递给我们这些同类的，是一种深刻的自卑感。具体是什么自卑呢？简单说，就是汉人的体弱、羸弱，没有血性、胆小、萎猥等等。有时候，特别想去找到一个具体的、相对熟悉的形象，或许是宁财神创作的《武林外传》里的吕秀才？

那么，作者传递出来的这个感觉到底是不是真的呢？如果具体到个人的感觉上的话，这大概是真的，毕竟，生活在更为艰苦的环境里的游牧人，他们的确应该更强健、更豪放或勇猛一些吧。阅读14世纪阿拉伯历史学家伊本·赫勒敦（Ibn Khaldun）的书，就可以发现，他也有点儿环境决定论的调调儿，不过，跟一般定居社会里的读书人把游牧人描述成野蛮人不同，赫勒敦反倒是在慨叹，是定居社会优渥的物质生活使出身游牧社会的阿拉伯人失去了淳朴坚强的秉性，最终堕落了。① 如果比较赫勒敦和司马迁代表的中国史家，就会发现，确立了传统中国写史典范的司马迁，是将匈奴人视为蛮族的（当然，班固的道德批判性更强）。

《狼图腾》的作者姜戎或许是受到过陈寅恪先生的影响，陈先生有一名言常被学者所引用："李唐一族之所以崛兴，盖取塞外野蛮精悍之血，注入中原文化颓废之躯，旧染既除，新机重启，扩大恢张，遂能别创空前之世局。"（陈寅恪《金明馆丛稿二编》）姜戎在其文本中做了不少的历史追溯，从匈奴人、突厥人、蒙古人以至于女真、满族等等，他说，是这些游牧民族适时地补充了汉人的血液，使我们汉人骨子里羊一般软弱的性格，得到了北方"狼性"民族血液的补充，这样才使得我们不至于一直软弱无能下去，使我们还不至于完全丧失体内的些许狼性。

总之，姜戎对所谓"狼性"的赞美是溢于言表的。他不光是说中国历史，还扩大到了整个世界历史，他追问："为什么西方人比我们强大？"回答是，因为他们是游牧民族的后代，他们是吃肉的民族，而我们是吃草（粮食）的羸弱农业民族的后代。所以，他们进取，他们刚强，他们勇猛，而我们保守，我们文弱，我们猥琐。

---

① 〔突尼斯〕伊本·赫勒敦：《历史绪论》，李振中译，银川：宁夏人民出版社，2015年。

显然，这是一种对历史的浪漫化处理，甚至可以说是非历史的。他是先有了一个意象性的结论（也可以说是执念），然后，根据这个"结论"去重新解释或想象了历史而已。这种理解和阐述历史的方式，和种族主义的论调实际上是同构的。

作者自己毕竟是个汉人，他不只是要自我批判，或者说，批判并不是他的目的本身，他也不是想让我们自惭形秽、失去自信。他的"理性探掘"还有某种"托古改制"的味道。因为，他顺便告诉了我们一个很重要的信息，那就是，我们的祖先跟游牧民族是一样的。

姜戎从一个我们大家都基本接受的概念出发，来阐述他的看法，即我们都是炎黄子孙。然后，他指出，炎黄其实是游牧民族，是狼性民族，是崇拜天（腾格里）的民族。到这里，他的历史叙述开始进入关键部分了，即，为了作者的目的——证明我们也是源自一个强悍的狼性民族——重新来"书写"（建构）我们的历史。这种有明确功利心的历史"书写"（建构），当然不是一种科学严谨的历史研究，而是一种充满了浪漫主义想象的历史幻觉。

为什么这么说呢？炎黄子孙这个说法不是自古就有的，甚至在晚清的时候，中国人还没有现代国家的观念，也不是自称为"中国人"，更多的是王朝的和地方性的认同，而没有中国的政治概念，只有文化上的"中国"的概念,就是说,主要是认同儒家文化及其理念,这就是文化上的中国人。在这种情况下,才会出现甲午海战时,来自广东的军舰认为跟自己没关系,认为那是李鸿章的北洋水师的事,这典型地说明,当时人的脑子里没有政治上的国家认同。抗日战争是中国的民族主义发展的重要时期。

我们回到炎黄子孙问题。关于黄帝,现在我们公认他是汉族的祖先,鲁迅在1902年就写过一句名诗叫"我以我血荐轩辕",轩辕就是黄帝。可是,在20世纪以前的大部分时间里,黄帝主要是作为帝系之始,也就是各个朝代的皇帝们的祖先而存在的,主要是他们在供奉黄帝。儒家一般祖述尧舜,汉初道家曾黄老并称,至后来黄帝演变成方术的守护神。也就是说,在民间普通百姓长期并没有自己是黄帝的后裔的观念,只有一些神话传说。到了清朝末年,在被迫从天下秩序向民族国家转型的过程中,才开始有了黄帝是我们祖先("民族肇始者")的看法,这种看法,显然是一种历史的虚构和建构。[1] 其实,在《狼图腾》里,作者也承认,关于黄帝,很多都是传说而已。远古的历史,只能是传说,没有资料可查。但话说回来,所谓民族的早期历史,哪个又不是充满了神话和传说?

《狼图腾》的作者说,炎黄子孙不仅包括我们汉

---

[1] 孙隆基:《清季民族主义与黄帝崇拜之发明》,《历史研究》,2000年第3期。

族，还包括北方的那些游牧民族，也就是说，他们跟我们是兄弟，有共同的祖先，用作者的话说就是，"中华大地的游牧民族和农耕民族本是同根生，是腾格里之父和草原大地之母生出来的一对兄弟，草原民族是兄，农耕民族是弟"。这样，原来北方游牧民族在历史上对南方的那些掳掠在作者看来就成了一种和平的牧歌，他是这么说的，"现在看来，炎黄以后的中华历史表明，这对有共同最高崇拜的同根兄弟民族，不管怎样打得血流成河，但却是在共同创造中华的文明和历史。一旦华夏民族在农耕环境中软弱下去，严厉又慈爱的腾格里天父，就会派狼性的游牧民族冲进中原，给羊性化的农耕民族输血，一次一次地灌输强悍进取的狼性血液，让华夏族一次一次地重新振奋起来。后来，在软弱的弟弟实在扶不起来的时候，强悍的哥哥就会入主中原，入主半个中国，甚至入主整个中华，代替弟弟掌管社稷，维持华夏文明，一直坚持到与西方文明相遇"。

这是历史的实情吗？显然不是。在古代历史上，那个时候的人首先就不是这么想的，完全没有兄弟之类的概念。那么，作者为什么要这么说呢？为什么要把历史用这样的"兄弟观念"来解说呢？这还是要为了他的那个结论做铺垫，即我们的祖先是有刚强的、狼性的游牧精神的。所以，我们只要意识到自己身上还有狼性血液，我们就能把狼的精神重新振奋起来，这样，就可以为中华民族的伟大复兴，贡献一份精神的力量，那就是伟大强悍、朝气蓬勃、始终不屈、永远进取。这样的精神自然是好的！

这就是历史建构的作用之一，它通过对历史的重述，表达了一种哲学的或精神的诉求，目的是给人一种精神上的激励，让人重新燃起内心的希望之火，在未来荆棘漫布的道路上，激励人们不屈不挠，要像狼一样，勇猛直前，要勇敢，要尚武……实际上，不管有没有一个崇拜狼的祖先，这种精神可能都算得上是正面价值吧。在这个时候，历史学家站出来，可能就是不受欢迎的；就像哲学家们对历史主义的批判那样，太多的历史主义可能也是有害的。①

4

70多年以前，土耳其的统治者是穆斯塔法·凯末尔。在1934年时，土耳其大国民议会赠送给他一个姓叫"Atatürk"，这个词是由"ata"（父亲）和"Türk"（土耳其人）两个词合成的，一般被认为意思是"土耳其人之父"，凯末尔也就是土耳其的国父。不过，土耳其人对"Türk"这个词的理解，一向是非常宽泛的，不只是生活在奥斯曼—土耳其境内的说土耳其语

---

① 〔德〕特洛尔奇等著：《克服历史主义》，刘小枫选编，陈湛等译，北京：华夏出版社，2021年。

的人被视为"Türk",而且,他们的民族历史叙事还囊括了古代的突厥汗国,以及其他大量内陆亚洲的游牧部族,甚至连匈奴也被他们视为"Türk"。顺便说,《狼图腾》里面讲到了很多游牧民族,作者本人也流露出非常崇拜古代突厥的情感。

历史地讲,西亚的土耳其人和古代突厥汗国的突厥人之间,无论在政治上还是在族群上,几乎没有什么继承性关系。但土耳其人的民族历史叙事硬是建构起来那样一种历史观,并对全民产生了深远的影响。和现代土耳其人有关系的其实是塞尔柱人和奥斯曼人。奥斯曼人虽然是讲突厥语的,但他们的来源并不可考,更不用说他们在迁徙和发展壮大的过程中,和众多的西亚、东欧民族融合了,在帝国晚期民族主义出现之前,奥斯曼人既不认同也不称自己为"Türk"。19世纪中后期,土耳其民族主义出现后,部分地是借助于欧洲的东方学提供的材料,关于"Türk"的历史和认同才开始发展起来,到1923年土耳其共和国建立,这个国家的国名(Türkiye)里也是因为受到民族主义的影响而有了"Türk"这个词根。

《狼图腾》里讲了多个内陆亚洲的游牧民族,奥斯曼—土耳其人也是有狼崇拜的传统的,作者也是认为游牧民族是有"狼性"的,但奥斯曼帝国为什么衰败了呢?

土耳其共和国建立后,以凯末尔为代表的民族主义者也是个以狼为自豪的人。有一本关于凯末尔的传记，名字就叫《灰狼》（英文：*Grey Wolf*；土耳其文：*Bozkurt*）①。"狼图腾"在土耳其共和国早期可谓随处可见：有以狼形象为主题的邮票；凯末尔喜欢养狼狗，还有不少狼的装饰品；国有石油公司的标志是一个狼头；土耳其的突厥学院的徽标也是灰狼……

既然狼代表的是一种内陆亚洲游牧民族的图腾，对于把古代"Türk"泛化为自身民族认同的土耳其人来说，为狼图腾招魂，也就是一件颇自然的事情。对凯末尔主义时代的土耳其来说，提高皈依伊斯兰教之前的"Türk"的历史，也有现实的和意识形态的需要，因为，他们把奥斯曼—土耳其帝国的衰落归因于伊斯兰教，所以，在这样的历史叙事中，土耳其人就要提高皈依伊斯兰教之前的"Türk"的历史，从而证明是伊斯兰让他们裹足不前了，如果不想让伊斯兰教再束缚土耳其，该怎么办呢？就是要让土耳其人重新找回更早历史上的精神。归根到底，这一点和《狼图腾》是一个路子，就是从历史建构和叙事入手，把"狼"招回来！

凯末尔党人还有更进一步的野心，这就是所谓的"土耳其史观"，逻辑并不复杂：土耳其人的祖先是在中亚，那里的文明是世界文明的祖先，当欧洲人还在

---

① H. C. Armstrong, *Grey Wolf, Mustafa Kemal: An Intimate Study of a Dictator*, London: Arthur Barker, LTD., 1932.

洞穴里的时候，那里的土耳其人的祖先就有了高级文明，比如驯养动物、冶金，等等；后来，因为气候的变化，拥有高级文明的土耳其人的祖先四处迁徙，从而把文明传播给了全人类，这也就等于说，世界上的伟大文明，包括中国文明，都是由于土耳其人祖先的影响，才发展起来的；那个时候的欧洲历史书上认为土耳其人是黄种的蒙古利亚人，是二等人种，凯末尔党人自然不愿意接受这种说法，他们就提出来，中亚既然是欧洲人也承认的白种人的故乡，既然土耳其人的故乡也是中亚，那么，土耳其人的祖先也就是最纯的白种人了。①

5

联系《狼图腾》的逻辑与凯末尔党人的逻辑，应该能够看到，为了当时的现实目的去创造和虚构历史，这一点是类似的。这是对历史的运用或利用，而不是研究，虽然经常表现为一种研究，或者说披着研究的外衣。

其实，这种浪漫主义的民族主义，并不少见，也没有什么特殊的地方，比较来看，它其实是一种全球性现象。它致力于建立一种新的民族身份、认同和民

---

① 昝涛：《现代国家与民族建构：20世纪前期土耳其民族主义研究》，北京：生活·读书·新知三联书店，2011年。

族精神，概言之，这也属于"身份政治的激情"。但稍微看一下世界近代史，就可以了解，进步不只是发发狠就能做到的，也不是用某种精神可以"忽悠"来的，被包装和宣扬的狼性，或许会使人热血沸腾，但除此之外，它还能带来什么呢？如果它有用，怎么还会有奥斯曼帝国的衰落？只有狼性显然是不够的，光空喊进取、勇猛、尚武也是不够的。

说到底，对现代文明而言，理性与科学才是根本性的。中国有"四大发明"，但在此基础上发展壮大了的，不是中国，而是西方。我们需要对此进行历史的比较和反思。其中有一点是非常重要的，这就是涉及对科学精神的理解。科学精神的本质是建立在理性基础上的批判与怀疑的精神，是自由与独立的精神。北京大学有个"未名湖"，湖边曾经住着四个很了不起的学者，号称"未名四老"（季羡林、金克木、邓广铭、张中行）。出生于1909年的张中行先生曾讲过这样的话："德国的小学教科书上说打败拿破仑完全是德国人的力量；而英国的小学教科书说打败拿破仑是英国人的力量。罗素主张把这两种小学教科书放到一块儿让孩子念，有人就担心，说你这样让孩子信什么呢？罗素说，你教的学生他不信了，你的教育就成功了。"[①] 张先生指出，许多年轻人没有判断力，过于

---

① 张者：《文化自白书》，北京：北京广播学院出版社，2004年，第95页。

轻信,年轻人不要轻信宣传,要多看书,学问往上看,享受往下看。有人评价张先生说:"他平和,但平和中却有激情;他不信,但不信是建立在自信的基础之上的;他温情,却柔中见刚;他淡泊致远,却刚正不阿,耿直倔强。"①

《狼图腾》也好,凯末尔主义也罢,都致力于建构自己的历史叙事,却忘记了从根本上教育人,除了要有"狼性"、勇猛进取、果敢智慧外,更需要的是理性、独立、怀疑与批判,也就是要有科学精神。

---

① 张者:《文化自白书》,第97页。

一个走西方化路子的国家,发展到一定程度,日子过好了,还会回来"认祖归宗",从传统找根源的。

第四章
"新奥斯曼主义"

第四章 "新奥斯曼主义"

一、重学奥斯曼文

2014年，当年刚当选土耳其总统的埃尔多安在首都安卡拉的一次宗教理事会的会议上提出，必须把奥斯曼语的学习作为高中的一门必修课。这在土耳其社会引发了一场有关文化与传统复兴方面的争论。应该说，土耳其的这个问题在后发现代化国家是有一定普遍性的，尽管形式可能不同。

东方民族的现代化有一个特别的地方，就是他们总是在学习西方先进和保持自身特性方面感到纠结。对于很多知识分子而言，这种纠结可能还更加剧烈。这样往往形成不同的改革派别，主要有调和派和激进派的区分。调和派认为自己的传统是好的，只要学习西方先进技术就行，自己的好文化和好传统得留着，在中国这叫"中体西用"，在伊斯兰世界这叫伊斯兰现代主义。激进派主张全盘西化，比如在中国是胡适、陈序经等人的主张，在土耳其就是凯末尔党人的主张。

土耳其的独特之处是，它确实经历过全盘西化，那是凯末尔党人在1923年建国后推行的激进改革，包括政治、经济、教育、宗教、民俗、服饰等方面的全面模仿西方。文字改革更是土耳其配合世俗化、现代化的一个激进步骤。

文字改革前，奥斯曼—土耳其文是由阿拉伯字母书写的。奥斯曼—土耳其语属于阿尔泰语系的突厥语族。奥斯曼文主要是书面语。对于阿拉伯字母，如果不经过一段时间的学习和训练，是很难掌握的。一个土耳其人即使掌握了阿拉伯字母，也不见得就能看得懂奥斯曼文，奥斯曼文是杂糅了很多波斯语和阿拉伯语词汇的，尽管句法上基本是突厥语的，但如果没有相当的阿拉伯语和波斯语基础知识，要熟练看懂古典奥斯曼文也绝非易事。

拉丁化的文字改革作为土耳其全面学习西方的文化革命的一部分，也不难理解。其实，有很多民族在近代都有将自己本民族的文字拉丁化的想法，目的无非是想使自己的学生更容易接受西文和西方的知识与文化。就连不是字母文字的中文，也有人在清末民初想使其拉丁化。我们自小就通过来自西方的字母拼音来学习汉语的发音。现在网络时代的线上交流，也经常出现用拼音聊天的情况。

拉丁化不是土耳其的特有现象。中亚国家在俄国—苏联的影响下长期使用西里尔字母,冷战结束后,他们又想摆脱俄语影响,把自己的文字拉丁化,土库曼斯坦和乌兹别克斯坦现在都拉丁化了,哈萨克斯坦正在进行。但这个过程会很缓慢,因为会人为地造成大批"文盲"。毕竟,文字的使用也是有路径依赖的,要不是在特殊的历史时期依靠特殊的权力,激进的文字改革很难推行。

土耳其为什么又要重提奥斯曼语的教育呢?埃尔多安给出的理由并不难理解,他认为,恢复奥斯曼语的学习的教育政策,是土耳其恢复其自身"根源"的必要步骤。拉丁化已经使得数代土耳其人根本看不懂之前的历史文献,更读不了他们祖先的碑铭。埃尔多安把废除奥斯曼文形容为切断了土耳其的"颈静脉",结果是,"我们这样一个有着超级科学素质的民族,竟因为这样一个灾难而丧失了它的智慧"。

可以看得出来,过去对奥斯曼文的"革命"和现在对它的复兴,其理由和逻辑是相似的。过去是为了现代化,接近西方,现在现代化已经实现了,但民族的文化之根长期断裂,也不健康,所以,恢复奥斯曼文的教育,也是为了使民族更加健康、完善和进步。这就是"此一时也彼一时也"。

胡适曾说,全盘西化在实践上是不可能的,一心一意地搞西化,最终能得个50%的成效就不错了。土耳其全盘西化那么多年,不但没有变成西方,还出现了传统的复兴。这个倒是符合亨廷顿的观察:一个走西方化路子的国家,发展到一定程度,日子过好了,还会回来"认祖归宗",从传统上找根源的。无论是亚洲价值观还是伊斯兰复兴,这些现象在逻辑上都很相似。

土耳其自凯末尔时代就推行西方化,到1940年代中期加入西方阵营,从成为北约国家到追求加入欧盟,世界上很难再找出一个这样曾经铁了心向西方靠拢的国家了。但冷战的结束改变了土耳其的地缘政治形势,它从一个属于西方阵营的边疆国家,一下子好像又变得孤零零的了,在西方阵营里的重要性下降了,原来向西方一边倒的政策不合适了。土耳其人当然得重新定位自己,得重新看世界。

土耳其现在的战略选择是要成为一个黑海、中亚、中东、欧洲之间的"枢纽国家"。为此,在外交上要重视周边,不能再紧盯西方,在内政上要调整全盘西化的路子,自己是个伊斯兰国家,不是西方国家。以前的文化政策和意识形态需要调整了。尤其是土耳其在加入全球化的进程中出现的新兴中产阶层,他们过去在凯末尔主义的国家结构里长期被边缘化,现在通过民主化进程逐渐掌权了,他们更为珍爱自身传统,对凯末尔主义的全盘西化一向持保留态度。他们现在掌握了国家权力,自然要审时度势、谋划新规。这个内外政策的调整,被称为"*新奥斯曼主义*"。

第四章 "新奥斯曼主义"

客观地说，土耳其正在走的是一条国家"正常化"的路子，毕竟，土耳其过去的内政、外交政策是有偏颇的。不久前，主要由埃尔多安的支持者组成的国家教育理事会已经投票支持奥斯曼文在宗教高中作为必修课，在普通中学将作为选修课。这个做法并不激进，他不是要废除现代土耳其语。就跟中国学生要学古汉语类似。埃尔多安的支持者认为，把奥斯曼语作为土耳其学生的必修课，有利于恢复凯末尔党人的激进改革造成的土耳其人与其传统和过去的断裂。这个看法是客观的。

不过，埃尔多安推动的这个举措，在土耳其境内引发了批评，反对派说埃尔多安此举是要让土耳其的孩子们失去"质疑世界的能力"。"他们想把土耳其变回一个中世纪国家，但他们永远不会成功！"其实，这些反对派只说对了一半，埃尔多安不一定想要把土耳其变成个中世纪国家，就算他想，也不会成功。埃尔多安在土耳其有那么高的威望和支持率，不能不说，是有其存在的合理性的。

一个国家、民族乃至一个人的身份和认同（identity & identification）并不是一成不变的，而是流动不居的。由是，关于这个问题的认识和研究经常就不仅仅是个历史问题。我们处在绵绵不绝的时间洪流之中，随着时代的发展变化，个人或群体都不可避免地面临新形势和新挑战，总要不断地回到自身，重新地提出"我(们)是谁?"这个根本性的问题。这就是后冷战时代的土耳其不得不面对的文化认同问题。

二、进取的外交

通常情况是,关注一些所谓的"热点问题"时,我们会思考或者带入历史的视角。最近几年,土耳其不只在中东地区,还可以说在世界舆论的舞台上经常占据"头条"的位置。这部分地也说明了土耳其的特殊重要性,反映了这个时代的一些特点。近几年就有一些跟我们要讨论的问题有关系的"热点"话题。

1. 土耳其与东地中海局势

首先是东地中海地区形势的变化。地中海形势的变化不只是指海面上,比如围绕油气资源的勘探、划分经济专属区这样的一些举动,还有周边地缘政治局势的变化。最近这次地中海危机的主角应该是土耳其和希腊,当然还涉及利比亚、法国、埃及、以色列、塞浦路斯等国家。如果不是受到当前全球性的新冠疫情以及中美关系的影响,在舆论上,近期的东地中海局势应该会是全球最热点的话题。土耳其和只有它认可的北塞浦路斯结成某种联盟,在油气资源丰富的东地中海地区利益争夺中表现得非常活跃，态度也非常强硬。土耳其还高调地军事介入利比亚内部冲突，表现也是非常抢眼，这跟上面说的东地中海局势，关系也很密切。

今天的土耳其，不只是北约里面陆军排名第二的军事强国，其海军力量也增长迅速，在地中海展示肌肉的土耳其，不是一个"愣头青"，而是算准了它的力量较为强大，掣肘较少。

2. "圣索菲亚"问题

2020年7月发生了一件大事，土耳其政府宣布将圣索菲亚博物馆变成清真寺。这个事件对土耳其人而言是其内政，别国无权干预。我针对这个问题写了一篇文章，主要是从历史记忆这个角度进行了讨论。我们知道，1453年对于伊斯兰世界来说是载入史册的一年。奥斯曼帝国攻陷了君士坦丁堡，也就是今天的伊斯坦布尔，事实上终结了拜占庭帝国。当时的苏丹，"征服者"穆罕默德二世下令把圣索菲亚大教堂改造成清真寺。对军事上的胜利者来说，他是有权利这么做的。土耳其共和国成立以后，在1934年又通过立法将其转变成为供世人参观的博物馆。这常常被解读为土耳其政府向外界（尤其是基督教西方）展现宽容、释放善意的举动，其实，当时的凯末尔政府是有一些现实因素的考量的。20世纪30年代，为了应对国际形势的变化，包括希腊在内的巴尔干地区的一些国家缔结了和约。土耳其想加入进去，据说土耳其方面的谈判代表接到信息，大概是说希望你们土耳其人在圣索菲亚问题上拿出一些"诚意"来。这暗含的意思就是，基督教世界对圣索菲亚大教堂的象征意义还是很在意的，这是一个根深蒂固的精神问题。土耳其政府获悉之后，便同意了把圣索菲亚改造成博物馆。此为1934—1935年的事情，距今八十多年了。博物馆也存在这么长时间了。

一个历史事件发生以后，后世会赋予其多重的意义，这是一个历史上很常见的现象。土耳其和希腊之间的冲突，在某种程度上会被视为伊斯兰世界和基督徒世界之间长期冲突的延续。但是，到目前为止，两国之间并没有爆发实质性冲突，主要还是一种舆论上的交锋，是一种"势"的较量。2020年7月24日，土耳其总统埃尔多安以国家元首身份出席了圣索菲亚博物馆86年后举行的首次礼拜，而且亲自诵读《古兰经》的部分章节作为序幕，其欲达到的庄严肃穆和神圣性效果应该是符合预期的。当时，土耳其国内有很多人关注这个问题，大部分人是支持这个事情的，也有很多人现场参加了这个活动，我相信，在东欧巴尔干地区（乃至更远的基督教世界）关注者也不会很少。①

当然，在这些问题之前，土耳其比较积极的外交政策涉及的是"库尔德问题"。近年来，土耳其政府多次针对库尔德武装（PKK）采取跨境军事行动，并支持叙利亚反对派，在叙北控制库尔德势力，建立安全区，土耳其在叙利亚问题上的战略和举动，往往被解读为恢复奥斯曼帝国的野心。

外界常常把土耳其的上述种种进取姿态描绘成一种"新奥斯曼主义"，尤其是西方习惯于把今天的土耳其的一些外交和地缘政治上的举动，通通描绘成"新奥斯曼主义"。无论是在地中海油气资源问题、叙利亚问题上的争执，还是土耳其国内文化、政治上对奥斯曼帝国的怀念，都说明土耳其、希腊、阿拉伯国家以及西方国家都有着某种深刻的"奥斯曼帝国记忆"。所以，我们说奥斯曼帝国尽管已经灰飞烟灭，但是人们对它却保留和延续着复杂的记忆。

三、帝国重现？

那么，土耳其共和国和崩溃消亡了的奥斯曼帝国

---

① 昝涛：《世界遗产圣索菲亚博物馆改为清真寺：被操纵的历史记忆与被争夺的身份困境》，《新京报书评周刊》，2020年7月17日。

到底是一种什么关系？大家可以回想一下人们在冷战后对全球化的态度。20世纪90年代到2010年前后，人们对全球化主要还是持一种很乐观的态度，这应该是主流。跨国公司、互联网的迅猛发展，使得人们越来越感觉到世界各国更加紧密地联系在了一起。此外，随着冷战的结束，两大阵营的对立局面不复存在，原先被更加宏大的意识形态所笼罩的一些思潮和运动，比如说民族主义、宗派主义、激进主义等这些问题，又变成了人们所关心的重要议题。亨廷顿警告人们不要陷入"文明的冲突"中去，真可谓是一种前瞻性的思考。

学术界尤其是历史学领域则开始重新反思帝国历史，这广义上被称为"帝国转向"（imperial turn）。中文学界也有一些感受，主要就是美国研究中国历史的人中有一个被定名为"新清史"（new Qing history）的流派，这些年，因为各种原因，这个事儿已经不再局限于纯学术领域了。实际上，在笔者看来，"新清史"和学术研究的"帝国转向"应该是有非常密切的关系，此外，对英帝国、奥斯曼帝国等的历史研究也有相似的情况，也都是在同一个学术脉络里面，而英帝国史研究很可能还是开风气之先的。

让我们回到土耳其和奥斯曼帝国之间的关系这个问题。我想，大致上可以按照如下的思路来梳理。

第四章 "新奥斯曼主义"

1. 共和国初期对帝国遗产的实用主义态度

土耳其共和国对帝国遗产采取的是一种现实主义态度（请注意，当你说一个人对某事物采取了现实主义态度的时候，他的说法或做法和想法之间往往可能是有距离的，也就是不完全是一致的）。在土耳其，从民族主义的立场看，奥斯曼帝国也被认为是不好的。在土耳其民族主义的立场下，会把奥斯曼帝国视为强加给土耳其人肩上的一个"不可承受之重"，因为这个帝国虽然曾经不可一世，但总是秉持某种扩张主义，从土耳其民族主义的视角来看，这种扩张主义并没有为土耳其民族带来什么好处，带来的只是额外的负担，是土耳其民族身上的越来越多的军事、财政、防卫的负担，所以，土耳其民族主义对奥斯曼帝国的扩张主义是持批判态度的，它暗示，只有当奥斯曼帝国崩溃的时候，只有当土耳其人民在凯末尔将军的领导下，为自身的民族独立而战的时候，土耳其人在历史上终于头一次为自己流血牺牲，土耳其民族主义是这样一个历史叙事。

这个土耳其民族主义的逻辑是内敛的，也是现实主义的，用凯末尔的话来说，土耳其人不能再去想入非非，那些不能用刺刀捍卫的领土，就不是土耳其民族的领土。巴尔干、克里米亚、高加索以及阿拉伯地区，显然是土耳其人不能掌控的。实际上，早在奥斯曼帝国末期，其所呈现的颓势已使其无力去维系帝国的领土完整了，凯末尔主义的土耳其民族主义对奥斯曼主义、伊斯兰主义以及泛突厥主义都进行了批判，这些都是扩张主义的不同形式。

说土耳其是实用主义态度，主要是考虑到土耳其已经没有什么国力了，否则，可能就会是另外一种情形。对当时的土耳其人来说，帝国已经不可能复兴，能够把小亚细亚这块领土保住就不错了。奥斯曼帝国在"一战"中失败，之后土耳其的领土实际上被不同的势力所觊觎，或者说即将成为他们的势力范围，土耳其的民族运动是在这样一种危机形势下取得胜利的，革命的胜利果实的确来之不易，这是土耳其共和国对奥斯曼帝国实际上采取了实用主义和现实主义态度的最重要原因。

回溯来看，土耳其和奥斯曼帝国之间在情感上是一个硬剥离，今天，无论过去多么伟大，都已经不可能再回来。奥斯曼帝国在两次巴尔干战争和第一次世界大战中的战败，导致帝国处于崩溃的边缘。当时帝国治下的欧洲部分、阿拉伯部分都脱离了帝国的统治，可以说土耳其算是帝国被"剩下的"部分。这部分人主要是讲土耳其语的，那这些人的命运何去何从呢？当时，美国的总统威尔逊在"十四点计划"里面讲了，他说讲土耳其语的这批人也可以实行民族自决，也就是建立自己民族的独立国家。

土耳其作为一个国家，就是在这样一个过程里诞生的。这就是为什么它对过去的帝国"遗产"是要批判的。另外，土耳其共和国还要进行现代化、世俗化的进步主义改革，帝国也就被说成是传统的、落后的，它力主的改革也是失败的，在这个意义上，现代的土耳其也是排斥奥斯曼帝国的。无论是从疆域领土角度的实用主义，还是从走向现代进步的理想主义来说，土耳其都是排斥奥斯曼帝国的，这是土耳其共和国很长一段时间对奥斯曼帝国的态度。

另外，土耳其还要处理跟周边国家的关系，那就更不宜去提奥斯曼帝国的伟大了，这个方面还是"遮遮掩掩"比较好，因为你提起来的伟大，就是别人的伤痛，是被土耳其人实行了"黑暗的"、压迫性的异族统治。

可以说，在土耳其，长期以来对奥斯曼帝国是一种比较"尴尬又含混"的态度，这跟当下埃尔多安对奥斯曼帝国那样一种积极的、张扬的态度是很不一样的。

2. 作为土耳其民族荣耀的奥斯曼历史

上述土耳其对奥斯曼帝国的实用态度，并不妨碍其将奥斯曼帝国的荣耀"土耳其化"。

奥斯曼帝国的崛起，确实有一些历史的偶然性和运气在内。它能够在当年那样一种安纳托利亚西北部的地缘政治形势下胜出，确实有很多值得我们思考的地方。对这个问题的思考涉及一点，你无法否认奥斯曼帝国曾经的强盛和伟大，当然在逻辑上创建奥斯曼帝国的这帮人也就很伟大，那这帮人是谁呢？又是谁能够继承伟大的祖先留下的伟大遗产呢？这就是所谓的奥斯曼帝国的起源问题，但这个问题不只是关于已经不复存在的奥斯曼帝国本身的纯粹历史问题，还是一个跟现代人的历史记忆之争有关的敏感问题。当然，如前所述，土耳其人和欧洲人对这个问题的立场是特别不一致的。在西方学者那里，曾经有两种关于奥斯曼帝国起源的重要理论，一种说法是，在奥斯曼帝国崛起的过程中基督徒（或希腊人）因素非常重要，奥斯曼人主要是皈依了伊斯兰教的基督徒；另一种说法是所谓的圣战征服论，也就是说，奥斯曼人的征服之成功是受到伊斯兰宗教热情（"圣战"，ghaza）的鼓动，是穆斯林对异教徒的战争。对于第二种说法，土耳其人没有怎么关注，而对第一种说法，土耳其民族主义学者则特别不认同，他们通过学术研究，强调奥斯曼帝国实际上是来自内陆亚洲的、讲突厥语的游牧部落创立的。所以，可以看到，奥斯曼帝国怎么来的这个事，跟土耳其的民族感情又有着密切的关系。

第四章 "新奥斯曼主义"

从奥斯曼帝国到土耳其共和国，不光是在帝国崩解基础上建立一个新民族国家的问题。其民族认同、民族身份也在发生重要的转变。过去不怎么被认可的土耳其和突厥的元素，现在（承接帝国晚期已经出现的民族主义）上升为一个国家认同、民族认同的核心所在。在共和国建立前后，已经出现一个所谓"土耳其主义"的民族主义潮流。所以，奥斯曼帝国和土耳其共和国之间存在身份上的转换这个问题。前面提到底谁要去继承这个伟大帝国的事业，与此同时，从过去帝国认同到现在新的土耳其民族/国家的认同，又存在一个断裂，所以说，这个关系实际上是比较复杂的。这还涉及一个问题，帝国现在已经没了，但是过去的帝国又那么伟大，难以被否认，至少它经过几百年征战，占据了这么大的版图，长期是一个地区性的强国。这一历史功绩，要归于谁呢？

我们是从土耳其的角度来讲奥斯曼帝国，所以我们要讲的是土耳其人和帝国身份/认同之间的这种矛盾的纠葛。但是，土耳其周边国家的主要舆论，除了一些研究奥斯曼帝国史的严肃学者持客观中立态度、靠档案资料说话外，大部分还是被民族主义的情绪所主导的。就是说，无论是阿拉伯穆斯林还是巴尔干基督徒，他们对于奥斯曼帝国时代的评价都主要是负面的，说那是异族统治、是奴役与黑暗的时代。所以，提到奥斯曼帝国的时候，不会认为它是一个好的、正面的东西。这符合他们各自民族主义的逻辑,因为只有这种叙事才能够为后来自己民族的抗争、独立找到一个正当的理由。因此,其结果就是,现代土耳其人不得不以大约78万平方公里的土地,去独自继承数百年的奥斯曼帝国的遗产。周围的族群、民族国家和人民,几乎不把奥斯曼帝国作为自己的一个正常的遗产来看待。尽管毫无疑问历史上奥斯曼帝国是它们的遗产的一部分,但是精神上却对它有一种拒斥。土耳其共和国则不得不成为奥斯曼帝国历史遗产的继承者。就是说,奥斯曼帝国历史上干的那些"大事",大都被认为是土耳其人独自干的。

当然,在学术界,上面提到的民族主义的立场正在被纠正,但是,学术界的观点要被普罗大众所接受,还有一段很长的距离要走。

3. "新奥斯曼主义"的提出

在外交上,凯末尔时期的土耳其秉承"国内和平、世界和平"的原则,某种意义上实行了"孤立主义"。土耳其在"二战"的时候并没有真正参战,作为中立国艰难而巧妙地维护了自身的主权。到"二战"以后,土耳其就完全投入以美国为首的西方阵营当中,并在1950年代加入北约。"二战"结束后不久,威权统治也在土耳其结束了。冷战时期,土耳其实际上是北约的一个前沿阵地国家,是遏制苏联的重要前哨。

冷战结束,土耳其失去了它的上述特殊地位后,就不得不去重新考虑其战略定位。我们知道,在厄扎尔时代其实已经有了"新奥斯曼主义"的提法。但须知,今天土耳其人是不怎么提"新奥斯曼主义"的,主要是西方人总提"新奥斯曼主义"。在厄扎尔时代,主要是考虑要改变土耳其人长期作为西方阵营铁杆盟友的单一定位,因为西方国家这时对土耳其的需求也没有那么多了。随着多极化时代的降临,土耳其就不得不改变单方面亲西方的战略定位,走外交多元化或多边主义的道路,尤其是要考虑如何发展跟周边伊斯兰国家和巴尔干国家的关系,包括土耳其在1980年代实行的出口导向经济政策,也必须考虑原料来源地和市场的问题,这样,它在外交和经济上都不能忽视周边。厄扎尔时代的新奥斯曼主义强调土耳其的两个"生活领域",一是从巴尔干到两河流域的穆斯林之地,另一个是中亚和其他地区的讲突厥语民族之地,强调要借助这两个地方使土耳其成为世界强国。对于内政,他们重述并强调奥斯曼帝国的所谓"米勒特制度",倡导少数族群在土耳其的文化政治权利。

在土耳其国内,在新形势下,就出现了如何对奥斯曼帝国历史重新评价的问题。一个是前面提到的厄扎尔时代就出现的"新奥斯曼主义",另外,1999年的时候，土耳其就举行了一次非常引人注目的活动——庆祝奥斯曼帝国建国 700 周年（一般奥斯曼帝国的建立被追溯到 1299 年）。这意味着土耳其改变了对奥斯曼帝国的评价和态度。所以，要说奥斯曼帝国对土耳其意味着什么，还是要用历史的眼光来看。

4. 当代"土耳其梦"中的奥斯曼记忆

在当代土耳其领导人的政治话语中，也有意识地使用关于奥斯曼帝国过去的历史记忆。笔者曾经论述过土耳其有一个所谓的"土耳其梦"，而这个土耳其梦有几个层次：

第一个层次是"百年梦想"。从 1923 年土耳其共和国建国到 2023 年，土耳其共和国建国 100 周年。这个百年梦想包含很多非常具体的目标。其中很重要的一个目标就是到 2023 年土耳其能够进入世界前十大经济体。当前 2023 年已经近在眼前，大部分观察人士认为土耳其不太可能实现预期目标。但"进步"这个事儿有时候是相对的，我们还要拭目以待。

第二个层次是所谓的"600 年梦想"。这个 600 年是怎么来计算的呢？这个就非常具有历史含义了。这个"600 年梦想"是从 1453 年算起的，600 年就到了 2053 年，大体说就是 21 世纪中叶。埃尔多安政府对这个"600 年梦想"并没有制定具体的衡量指标，总体目标是要达到奥斯曼帝国（1453）的水平。1453年被视为伊斯兰历史的一个顶峰。1453年的象征意义，既含有某种伊斯兰世界与西方基督教世界关系的一种隐喻，又有土耳其作为一个地区性强国的夙愿。2023年经济总量要进入世界前十，到2053年，埃尔多安的说法是达到奥斯曼帝国那样的水平，当然是奥斯曼帝国极盛时代的水平，肯定要高于2023的世界前十吧。现在土耳其官方很热衷于每年纪念征服君士坦丁堡这一事件，不是没有理由的。

第三个层次是所谓"千年梦想"。这个其实是从1071年算起的。塞尔柱人1071年在土耳其的东部地区（曼齐凯特，在今天土耳其凡湖的附近）战胜了拜占庭帝国，俘虏其皇帝。一般在土耳其历史教科书中，会认为这一年是小亚细亚或者安纳托利亚地区土耳其化的开端。因为从那之后拜占庭的势力收缩，而来自内陆亚洲的游牧民力量不断增强和涌入，这为奥斯曼帝国的建立奠定了基础，其实也是土耳其民族形成的开始。所以，土耳其人把1071年作为"千年梦想"的起点，那么，到2071年会怎么样呢？埃尔多安也希望土耳其人能够去畅想更加美好的未来，到那时候，现在这一代领导人不在了，他鼓励土耳其人努力生育能够实现千年梦想的一代人，埃尔多安长期以来的目标就是一个土耳其家庭生三个孩子，现在土耳其的生育率虽然没有达到这个目标，但增长还是比较快的,现在土耳其人口有八千多万了,而且平均年龄比较年轻,老龄化这个问题暂时还不是土耳其需要担心的。①

总体来讲,土耳其领导人擅于通过对历史的回顾来为一些当下的政治诉求提供某种历史的荣耀感、激情或合法性。当然,他们最终的目的是把自身也安放到那个被重构的伟大历史进程的脉络里。埃尔多安在演讲中,喜欢强调自己走的是这样一条继往开来的路,通过把历史上的伟大时刻和线索串联起来,然后把自己嵌入进去,当下的伟大性就不言而喻了。埃尔多安在演讲中曾经说过,"我们的道路是苏丹阿斯兰的道路,是奥斯曼加齐的道路,是苏丹穆罕默德二世的道路,是苏雷曼大帝的道路,是加齐穆斯塔法·凯末尔的道路,是阿德南·门德列斯②和图尔古特·厄

---

① 昝涛:《奥斯曼帝国晚期和现代土耳其官方关于"库尔德问题"话语的嬗变》,《阿拉伯世界研究》,2020 年第 6 期;人大复印报刊资料《世界史》2021 年第 3 期。

② 阿德南·门德列斯(Adnan Mendres)在土耳其很有争议,他在 1960 年代的军人政变当中被推翻并处以绞刑。这些年,土耳其出现了所谓"门德列斯隐喻",就是说,埃尔多安在演讲中时不时就要提一下阿德南·门德列斯,一方面可能是担心自己步他的后尘,另一方面也是想为门德列斯正名。在 1960 年代,毛主席曾经说过,像土耳其的阿德南·门德列斯这样的美帝国主义的走狗已经被他的人民推翻了,类似地,蒋介石也将难逃这样的命运和结局。之前,土耳其国内对门德列斯的评价比较低,其实也是一个禁区,但到了埃尔多安时代,对门德列斯的评价已经很不一样了,相当于咱们中国人常说的"翻案"了。

扎尔（Turgut Özal）[①] 的道路"。

综上，我们可以看出，土耳其有着奥斯曼帝国留给它的丰厚的历史遗产。我们国家也有来自传统帝国的遗产，在这样的语境下，我们如果跟奥斯曼帝国做一些比较，就会发现，的确，我们对帝国的继承和土耳其人对帝国的继承还是有很大区别的，主要表现就是土耳其人的奥斯曼帝国曾经地跨欧亚非三大陆，而且它延续600多年，其时间比我们任何一个秦以后的中国王朝都要长，但这个奥斯曼帝国最终灰飞烟灭了，在它原来的版图上出现了几十个民族国家，而现代中国对传统帝国的继承，延续性更为明显、继承性更突出。

四、走向埃尔多安主义

"新奥斯曼主义"不只是一种外交姿态或策略，同时也体现在土耳其内政和意识形态方面的变化。要理解这个问题，需要我们从历史角度梳理一下土耳其

[①] 20世纪80—90年代活跃在土耳其政坛的图尔古特·厄扎尔则可以说土耳其共和国历史上的第一位平民政治家，他既当过政府总理也曾出任总统一职，并且逝世在总统任上。很多研究正义与发展党（AKP）的学者认为，正义与发展党的道路其实是继承和发扬了厄扎尔的政治遗产，埃尔多安及其阵营的理论家也曾有过类似表述。

共和国的一些重要变化。

1. 20 世纪土耳其的影响力

奥斯曼帝国末期和土耳其共和国建立之后，统治阶层实行了世俗化的改革，涉及诸多方面，大到法律、教育、政治制度，小到文字、服饰还有婚姻、家庭等等方面。从土耳其的民族独立到世俗化、现代化的这些变革，其实可以说都是一种承继"青年土耳其人"遗产的凯末尔主义的内容。

如果要从更宽阔的视野来讨论凯末尔主义的出现，就不能不考虑它深刻的国际背景，即所谓"亚洲的觉醒"。列宁曾在 1913 年讲过，1905 年的俄国革命后中国、土耳其、伊朗、印尼都出现了资产阶级民主革命，被称为亚洲的觉醒："世界资本主义和俄国 1905 年的运动终于唤醒了亚洲。几万万受压制的、由于处于中世纪的停滞状态而变得粗野的人民觉醒过来了，他们走向新生活，为争取人的起码权利、为争取民主而斗争。"

从土耳其的角度来看，经历了两次巴尔干战争和第一次世界大战的战败，实际上还是"青年土耳其党"的人在凯末尔领导下建立了一个现代的土耳其共和国。从反帝、反封建的意义上来说，青年土耳其党人（无论是 1908 年的还是 1923 年的）是土耳其资产

第四章 "新奥斯曼主义"

阶级民族主义的代表,他们在 1908 年的第二次立宪革命的成功曾经令中国的资产阶级革命派很羡慕,1923 年现代土耳其共和国的建立,也成为当时中国的政治和知识精英眼中的榜样,当时有很多关于土耳其革命的文章和著作,先进的中国人希望用土耳其的独立和变革来唤醒中国民众。

其中最著名的是 1926 年柳克述出版的《新土耳其》一书。在这本书里面,作者重点提到了土耳其的独立。在此后的中文语境中很重要的一些语词,比如欧化、西化、现代化,等等,都在这里面出现了。"现代化"在中国语境里的最早出现,很可能就是柳克述在讲土耳其的时候。当时对于中国来说,知识精英们看到的是什么?他们看到的是一种积极的东西,就表现在反帝、反封建上,表现在独立后的成功变革上。反观当时陷入军阀混战的中国,相比于已经获得独立主权的现代土耳其共和国,情况要糟糕得多。

当时的中国人在对这个问题的叙述上,把奥斯曼帝国的崩溃看成是一个好事,这样,土耳其共和国独立的意义就可以提升上来。所以我们可以看到,柳克述写的两本书里面就提到如何去看待土耳其革命意义的问题。当时还有一些杂志甚至出了关于土耳其革命的专刊,报纸上也不断发表相关评论。这个时候的中国人对土耳其的独立革命是非常赞扬的态度,后来受到左翼思潮的影响,在中国共产党的知识分子里出现了对土耳其革命的批评,一个是说它不彻底,就是一场资产阶级革命,另外一个是土耳其资产阶级镇压了土耳其共产党。所以说中国共产党人(比如瞿秋白)对土耳其的民族主义,对土耳其复兴历史上的突厥文化的资产阶级民族主义持一种批判态度。

凯末尔主义为土耳其带来了现代性(modernity),土耳其成为非西方国家走现代化道路的榜样。这种观点有一个很重要的代表作是伯纳德·刘易斯写的《现代土耳其的兴起》。伯纳德·刘易斯是英国著名的学者,前几年刚刚去世。《现代土耳其的兴起》在1982年由商务印书馆出了一个中文版,里面从奥斯曼帝国的现代化一直讲到土耳其共和国的现代化。在整个过程里面,刘易斯把当时盛行于西方的现代化范式用于对土耳其的解释,这本书不只是现代土耳其史研究的经典,也是经典现代化范式代表下历史和人文社科研究的经典作品。1960年代的时候美国比较政治学会又出了另外一本书,叫作《日本与土耳其的现代化比较》。里面提到土耳其是在日本之后第二个实现了现代化的非西方国家。改革开放以后一直到现在,中国学者基本上也是把凯末尔的改革放在了现代化这个视野下来看的。

从现代化的角度说,土耳其对非西方国家的后发现代化的确有重要启示,但从另外一个角度看,土耳其的启示就更为特殊了。这就是20世纪90年代初,

第四章 "新奥斯曼主义"

随着苏联解体，一些突厥语国家先后独立。由于中亚国家（除了塔吉克斯坦）、阿塞拜疆也是讲突厥语的（阿塞拜疆语和土耳其语可能是最近的两种语言了），这些新独立的国家也在考虑未来怎么发展，当时这些国家都有一种冲动，就是急于要摆脱原有的苏联模式，一个是中央集权，另外一个是计划经济体制。所以，土耳其成了中亚国家的榜样，他们在90年代非常盛行向土耳其学习，主要是所谓市场经济和民主政治（颇类似于改革开放初期我们看港台的那个样子）。90年代初，土耳其实际上对于中亚地区也有非常积极的政策，包括提供一定的经济和文化援助，不过，土耳其的主要影响实际上是在教育方面，比如说给这些国家提供前往土耳其留学的名额，减免学费提供奖学金，甚至还提供来往的路费，投资建立大学，还有输出包括流行歌曲在内的土耳其文化。在厄扎尔时代，某种幻觉意义上的"泛突厥主义"又一度兴盛起来。如前所述，在提"新奥斯曼主义"的同时，这时的土耳其也非常注重在中亚—高加索这些地区扩大它的影响力。当然这个时候包括国内学者在内的很多人都注意到土耳其的野心。中亚国家很快也发现土耳其的目的不是很单纯，苏联"老大哥"不在了，土耳其想当新的"老大哥"，他们对此比较警惕。你愿意帮助我，让我学习，给我提供援助，那没有问题，但是中亚人不能接受土耳其像过去苏联一样摆出一副

"老大哥"的姿态。加上土耳其国力有限,土耳其在中亚的影响力主要局限于文化和教育领域。

俄罗斯的亚历山大·杜金曾提出"新欧亚主义",对普京产生过较大影响。新欧亚主义非常强调跟欧亚国家的合作,以及俄罗斯在欧亚地区的核心利益。它其实也看到了这些国家里面土耳其的独特价值,所以对土耳其也很重视,向土耳其输出了"新欧亚主义"。土耳其有一批学者、知识分子还有一些军方的人接受了这个理念。但是,杜金在土耳其的追随者实际上很大程度上就是原先的那些不切实际的泛突厥主义的信奉者,他们觉得欧亚主义可以避免提泛突厥主义时给人造成的某种抵触心理。最近几年,也有一些新的现象,比如,讲突厥语的国家要共同编写各种教材,最近刚投入使用的是《突厥通史》选修课教材。哈萨克斯坦、阿塞拜疆、土耳其等国都非常积极地参与其中。

2. 埃尔多安时代的变化

埃尔多安领导的正义与发展党(AKP)从2002年开始上台并长期执政,期间还把土耳其从议会制变成了总统制。当我们回顾这20年的历史时,会发现土耳其确实是进入了"埃尔多安的时代"。正义与发展党—埃尔多安现在是一体两面,用学者的话来说,就是正义与发展党的成功之处就在于推出了一个魅力领袖。在某些方面,埃尔多安的一些强人个性,就成为这个时代土耳其的重要特点。正义发展党—埃尔多安在土耳其长期执政,对土耳其具有重要影响。

土耳其共和国建立以后,从政治制度到日常生活、教育、文化等各个方面都做了大量的世俗化改革。改革的一个后果就是使得宗教在社会公共领域里面被边缘化了。当然,由于国家领袖等精英人物提倡的是一种世俗的、西方式的文化和生活方式,所以,人们的社会风尚主流也是西方化的。比如说不提倡女性戴头巾,提倡男性穿戴西方的服饰,戴西方的礼帽,还要学习西方的舞蹈、音乐、体育运动,甚至送土耳其姑娘去欧洲参加选美等。

凯末尔主义的世俗化也造成很多人在宗教情感上得不到满足。但是,这个社会的主流风尚是这样的,执政者采取了这样一种政策,引导了社会的潮流,具体执行的过程当中甚至当然有一些强迫性的或者是威权主义的做法。

另外,对土耳其共和国发展轨迹产生重大影响的是1945年加入美国为首西方阵营。土耳其在1946年就开始考虑效仿西方的政治制度,开始了所谓民主化改革,最终实行多党政治。到了1950年,门德列斯领导的民主党上台,开始利用宗教因素获得更多的选民支持。自1940年代后期以来,土耳其政府一直在对凯末尔主义激进的世俗化进行某种修正。比如，共和国初期把清真寺祷告用语由阿拉伯语改为土耳其语，到了凯末尔之后，很快又改回了阿拉伯语。

民主党上台以来就试图对土耳其政治文化里面的世俗主义进行重新解释或定义。当年凯末尔改革的时候并没有对"世俗主义"有一个非常明确的界定，主要就是强调把国家事务和宗教事务分离，不允许宗教干预国家事务。当时虽然强调政教分离，但在实际操作过程中，国家政治对宗教还是保持警惕与控制的。到了民主化时代，民主党对世俗主义的解释就开始转而强调宗教信仰的自由，国家要平等对待不同的信仰，要尊重这些不同的信仰。2016年，土耳其正义与发展党的议长就曾经说过，如果要重新制定一部宪法，世俗主义不应该再被写进宪法。这在土耳其社会引起轩然大波。埃尔多安出来安抚大家，并表示正义与发展党还是会坚持世俗主义的。从公开的资料来看，正义与发展党在"2023政治愿景"里面专门提过世俗主义，埃尔多安在埃及接受电视采访时也在相似的脉络中谈过世俗主义。需要提及的是，埃尔多安支持埃及穆兄会，后来塞西将军推翻穆尔西政权以后，土耳其和埃及关系一直不好。

埃尔多安强调的对世俗主义的理解，其实跟当年民主党时代的修正没有本质的差别，就是要充分尊重不同信仰民众的权利。其实暗含的意思就是：要对凯末尔党人的激进世俗主义政策进行修正,保障信教群众的信仰自由。埃尔多安时代对世俗主义的理解更加强调对不同信仰的平等对待。

土耳其的世俗主义道路往往被从"进步主义"的角度进行解释,即,世俗主义被认为是进步的,代表了世界先进的潮流。所以,要坚持先进的东西,就要把落后的或者说传统的东西边缘化甚至清除。那么,后来土耳其为什么会出现伊斯兰主义的政党,为什么会出坱土耳其式的伊斯兰国家建立起世俗—民主制度?其体制的转变背后有没有别的原因?有一种解释认为,世俗主义这个概念其实有非常强大的意识形态功能。凯末尔党人建立了新的政权,要维护和巩固自己的政权,就必须用一个意识形态来为自己服务,当时就选择了这个进步的"世俗主义"。所以说,世俗主义同时成了一种进步主义,也成了维护这个新的政治阶层的利益的一种意识形态工具。在当前的土耳其,执政党不能公开反对世俗主义,但可以对世俗主义的定义进行某种修正(发展)。

事实上,埃尔多安所代表的政治集团或者政治势力,要想在土耳其进行某种意识形态上的根本性逆转短期内还是很难的(其是否有此理想也值得怀疑)。虽然在很多方面,他们不愿意提国父凯末尔,不愿意讲过去的那种世俗主义,但是你可以发现,并没有人能够公开出来否定凯末尔的世俗主义遗产。我们可以看到，他们在坚持世俗主义的同时，对世俗主义加以新的诠释，使得土耳其的世俗主义从"凯末尔式的"变成了今天的"埃尔多安式的"。过去十年来，土耳其发生了一些重大变化，主要体现在社会风尚方面的保守化，比如说，国家元首的夫人戴头巾了，其他人也可以在公共场合戴头巾了，现在也可以随时看到戴着黑色头巾的女警察在做安检工作。当然，这并不意味着土耳其就已经推翻了过去的世俗主义体制，但日常生活方式上的确有了重要的变化，体制上的变化还有待观察。

即便是圣索菲亚博物馆变回了清真寺，也不意味着土耳其这个国家的体制就变了，这当然跟今天土耳其正义与发展党、埃尔多安所面临的政治境况有关。这一举措与这些年来土耳其民众对正义与发展党支持率的相对下降、经济状况的恶化以及新冠疫情的暴发都是有关联的。政治家当然首先考虑自己的政治生命的问题，尤其是像埃尔多安变来变去，无非是复制了俄罗斯的普京模式。他需要在不同的时期根据具体的需要去讨好或煽动民众。在圣索菲亚这个问题上，不管西方国家怎么评价埃尔多安，土耳其至少在表面上有70%的人是支持他的，所以说，这里面有很浓厚的政治因素的考量。我们并不能把这些问题拿来说土耳其这个世俗主义国家的体制发生了根本性的变化，这目前还只是特殊政治环节上的一些"挑逗性"的

第四章 "新奥斯曼主义"

举措。

那么，我们怎么去解释埃尔多安时代的世俗主义危机呢？当前土耳其的世俗主义确实面临一些危机，有一些政治学者从共和制的角度来分析这个问题。在法国所发生的围绕着公共场合宗教饰物的争论以及对穆斯林群众的冒犯，实际上在土耳其也是相似的。法国式的世俗主义其基础是理性主义和共和主义，是在公共领域中把附着在公民身上的各种宗教色彩抹杀掉，只强调公民身份下的"理性人"角色。有人认为土耳其人"复制"了法国模式，但是，在不否认法国影响的同时，历史地看，我们还可以加上奥斯曼帝国的传统这个思考维度。因为奥斯曼帝国实际上在漫长的时期里维持了一种政治对于宗教的控制，这就是哈里发体制，哈里发体制具有很强的世俗性特征，王权政治对于宗教势力维持了一种强力的控制。

土耳其共和国有一个部门叫宗教事务局（Diyanet）。如果你去看他们的网站，就会发现他们强调自己的前身是奥斯曼帝国时代的谢赫伊斯兰（或总穆夫提）。土耳其宗教事务局代表国家管理其国内的宗教事务，是一级行政机关。但其做事风格和执政者是有密切关系的，谁当政，这个机构就代表谁的利益、执行谁的意志。凯末尔执政时期，宗教事务局代表了凯末尔主义党人的倾向；埃尔多安上台后，它就代表了正义与发展党政府的倾向。所以说，宗教事务局不能被看成是一个中立的机构，实际上是代表了执政集团的立场。宗教事务局的设立对土耳其世俗主义来说是把"双刃剑",伊斯兰主义政党或者说是亲伊斯兰主义的政党上台,它就会变成其操控舆论、操控宗教的一个工具。

奥斯曼帝国作为一个复杂的政治和历史遗产,无论是其荣耀的历史还是处理政治—宗教关系的传统机制,实际上都对现代土耳其影响非常大。随着土耳其需要更加独立地去处理"后冷战"时代的地缘政治,它日益表现出对帝国符号的强化。在土耳其内部,从图尔古特·厄扎尔时代提出"新奥斯曼主义",到埃尔多安时代对奥斯曼的历史叙事与记忆的利用,都是在这种背景下产生的。土耳其政府在1928年把原来的奥斯曼文进行了拉丁化,现在阿拉伯字母书写的奥斯曼文在土耳其的高中又成为选修课。这也是埃尔多安推动的一个变化。偶尔有个别的政客还会提示说,是不是可以在土耳其恢复使用奥斯曼文,这其实也是某种操控奥斯曼帝国历史记忆的政治运作。最近的这次圣索菲亚博物馆被改回清真寺,就是当代的土耳其共和国伊斯兰—民族主义政治力量对帝国记忆的操控,为的是挽回其支持率的下滑局面。这样一个有很强政治动机的操作,使我们可以看到,奥斯曼帝国作为一种文化—政治符号在当代土耳其扮演着越来越重要的角色。总体上来说,这些都可以被概括为某种"新奥斯曼主义"。

这样,问题就来了:一个模仿西方的东方民族还能够是它自己吗?

第五章
土耳其与中国

第五章　土耳其与中国

一、以土耳其为方法[①]

相比于传统史学聚焦于具体的历史事件、事实或过程，本节更关注的是近现代以来中国和土耳其对彼此文化和国家的相互"认知"，集中于中国对土耳其的认识这一方面。

历史地看，在中国古代的历史记载中，曾经出现过突厥（Türk）—鲁迷（Rumi，源于"罗马"和"鲁姆"的音译）—土耳其（Turkey）等称呼。古代"突厥"作为一个部族或政权的名称，本是一个专称，但可能是由于突厥汗国（Turkic Khanates 或 Göktürk Empire）的影响较大以及古代信息交流的不畅和模

---

① 2019年12月18日，作为东京大学艺文书院（EAA）访问研究员，本人在东大驹场校区101号馆做了主题为"近现代中国人眼中的土耳其"的学术报告，EAA副院长、东京大学教授石井刚老师主持了本次活动，本文是那场学术报告的摘要。EAA对本次演讲的报道稿最初由胡藤撰写；本文发表于"澎湃·私家历史"，2020年12月25日。

糊，在波斯—阿拉伯的知识系统中，"突厥"被发展成为对内陆亚洲（Inner Asia）游牧民族的一个泛称或概称（在西方其实也是如此），而后来，这反过来也影响到说突厥语的不同部族或族群的自我认知。比较来说，这与中国传统知识系统里对"突厥"的更为具体化的、专有的认知是很不一样的，也就是说，中国人并没有把"突厥"泛化为对内陆亚洲游牧人的统称。实际上，由于接触和交往的程度更深、情报系统更为发达，古代中文史料的记载更为准确，这可与19世纪末以来被释读出来的古代突厥语资料（主要是突厥碑铭）相印证。不过，遗憾的是，中文记载对内陆欧亚游牧人的自我认知以及更广泛的全世界关于内陆亚洲的古代知识体系影响不大，更没有反映到后世的国际学术话语之中，以至于有一些当代中国学者（包括官方文件）在这个问题上采取了某种"积极防御"的路线。实际上，土耳其和古代突厥并没有什么直接的关系。

历史，是中土关系尤其是相互认知方面非常重要的内容，也是颇有敏感性的一个话题，它涉及当代民族认同、民族国家建构、历史记忆以及不同历史观等问题。

话题回到近代。奥斯曼帝国自1789年开始实行了一系列的"近代化"意义上的改革，但同时受世界格局变化的影响，帝国中央的统治力减弱，民族问题、领土问题、内政外交问题频发。这令 19 世纪末的康有为等中国知识分子在为中国寻找出路时对奥斯曼—土耳其产生了某种同病相怜之感。

1905 年日俄战争的影响，以及 1908 年青年土耳其革命（Young Turks Revolution，在土耳其又叫第二次立宪，İkinci Meşrutiyet）恢复了 1876 年奥斯曼帝国宪法，再次实行议院制立宪民主政体，奥斯曼土耳其的独特经历又成了中国人进行政治改革和种族革命的参考。

1920 年代，土耳其的凯末尔民族革命和现代化改革，也一度成为弱小和落后民族反对帝国主义、争取民族独立、建设现代国家的典范，土耳其一时成为民国精英政治言论界的热门话题，从现代化（modernization）角度研究土耳其的著作也开始出现，当时有影响力的报纸杂志也经常关注土耳其。与此同时，受苏俄意识形态和信息影响的、坚持阶级分析法的中国左翼精英，则基于土耳其政权的资产阶级性质和当时共产主义革命的形势，对凯末尔的革命与改革进行了有选择性的肯定和批评。

总之，近代以来中国对土耳其的认知绝大部分实际上是在对对方缺少直接了解的情况下形成的，由于特殊的历史背景和国内政治社会的变化，也一定程度上反映了同时代中国人对民族国家、世界局势的问题意识，以及不同作者个人的特点。对此，可以通过对典型文本的细读，来详细地了解这一特征。

改革开放以后，随着中国思想界和学术界对资产阶级革命的重新认识和评价（其中，北京大学历史学系的何芳川、林被甸两位教授贡献卓著），土耳其的革命与变革开始得到重新认识（我的导师董正华教授是对此进行关注和研究的先驱者之一）。近年来，中国国内的一些大学在土耳其语教育和土耳其研究方面取得了初步的、但相对来说也是历史性的进步（尤其是在语言教育和建立机构方面，成效明显）。与此同时，近年来各类涉及奥斯曼—土耳其历史的翻译著作和普及读物也开始大量出版与流行，这与"新时代"中国综合实力的迅速发展、中国人民对非西方世界进行了解的热望是有关系的，但也与当下汉语学界关于非西方历史和社会的知识生产水平不足有关系，因而，这种学术市场繁荣的表象之下也有非常明显的商业操纵的特点。

进入21世纪的土耳其经常成为国际新闻的头条和热门话题。这里面除了国际关系和地缘政治的因素之外，还与伊斯兰有关的话题在"9·11"事件、第二次海湾战争和"阿拉伯之春"后越来越受到媒体和一般人的关注有关。而土耳其的所谓"伊斯兰复兴"问题，因其曾经有较为成功的凯末尔主义世俗化改革的历史经验，相比较来看显得更加突兀。对中国人来说，一是长期以来中国的历史教科书中给予凯末尔革命和改革以较大篇幅的正面介绍，二是土耳其现政府时不时会发表具有"双泛"特征的言论，中国官方和民间对此极为敏感（甚至反感），所以，就当下中国人对土耳其的主流认知来说，大部分当代中国人对土耳其的正义与发展党（AKP）政权和土耳其领导人埃尔多安有着更为激烈的批判性认知。

客观来说，在土耳其的革命与现代化进程中，伊斯兰教的角色是较为复杂的，既不是革命史或现代化叙事范式所说的那种"反动"，也不是单纯地作为革命或改革的对象而存在的，它有主动的一面，有适应能力比较强的一面，也有反抗的一面。这个问题有点类似于中国近现代历史上的所谓"传统"（包括儒学在内）的角色的问题。在革命期间，伊斯兰教、哈里发、传统宗教精英等元素实际上是以不同形式参与了民族运动的，也起到了非常重要的革命动员作用，虽然这里面的人对民族运动的理解不一定都与民族主义者一样。在建国后，也有宗教人士和普通百姓积极拥护现代化和改革的，也有反抗的，消极的或积极的都有。对凯末尔党人来说，他们是实证主义者，相信科学必胜，所以，在他们那里宗教是现代—传统的二分中属于传统的一方，伊斯兰教被视为现代化的对立面，是被批判和被边缘化的，但又不能说凯末尔党人是反宗教的无神论者。在新生的土耳其共和国，国家也积极利用伊斯兰教塑造国民身份，特别是在土耳其与希腊进行国民"交换"时便以是不是穆斯林或基督徒作为标准。当然,也有少数的保守派穆斯林,尤其是宗教人士,他们发动对改革的反抗,但最终被镇压了。

从历史上看,凯末尔这一代人在土耳其共和革命后,把宗教置于政治的管理之下,制造了非宗教的"公共性",这个过程不可避免地会伤害到传统宗教的社会功能。但在土耳其,以赛义德·努尔西(Said Nursi)为代表的具有现代主义特征的伊斯兰知识分子们,一直在努力地思考和推动伊斯兰与现代社会相适应,取得了较大的成功。土耳其激进且僵化的世俗主义体制至少自20世纪70年代以来开始遭遇文化、社会和政治方面的挑战。部分地也代表新兴中产阶层利益和理想的伊斯兰主义(或保守主义)政党兴起,并不断壮大。1996年繁荣党(RP)曾短暂上台。2002年,脱胎于繁荣党的正义与发展党上台,土耳其遂出现了保守的伊斯兰主义势力长期执政的政治情况。如果要客观认识当代土耳其的情况,就需要了解近几十年来的土耳其历史。这是当代中国人在认识土耳其的时候较少关注的。

中国的现代土耳其研究大部分是在"现代化"范式下开始的,这一方面是时代的产物,另一方面,从中国现代历史的发展进程看,对现代化本身的关注和研究并没有过时。近年来,有关东亚各文明现代化进程的比较研究较为兴盛,而土耳其作为一个既非"西方"又非"东亚"的现代化案例,可以为我们更好地思考现代化的多种可能性提供参考和借鉴。

二、当代中土关系

1. 怎么看土耳其的反华言行?

2015年夏季,土耳其的反华活动很惹人注目,包括游行、袭扰游客,打砸中国商家等实际动作,更重要的还包括土国各种媒体上的反对中国的言论。很多人通过不同渠道向我打听这些事情,也希望我发表一点评论。大部分情况下,对我而言这些正在发生的事情只是水面上的浪花,是现象,现象随时可能更新,一个学者总是追着现象跑,不是什么好事情。透过现象看本质,至少是很多学者被期待要做的事情吧。本质往往并不复杂,也不会随时而变。在中国与土耳其关系方面,其中的历史缘由、问题的敏感性,我在不同场合讲过很多次。

至少从2008年开始,我就接受过多次关于土耳其这个国家以及中土关系方面的访谈、约稿或座谈会邀请。后来,2009年的"七五事件"把中国与土耳其关系的复杂性和敏感性也凸现了出来。不过，说来说去，大部分都没有超出我在 2011 年由三联书店出版的《现代国家与民族建构：20 世纪前期土耳其民族主义研究》那本书的结论：土耳其这个现代民族国家骨子里是个"（泛）突厥主义"的国家，要么是政治上的，要么是文化上的，要么是两者兼而有之，短期内我是看不到它会摆脱这个自身的历史宿命。有兴趣的人可以再去看看我那本书的"结论"部分。

现在，我想把曾经在不同场合说过的话做一个简单的总结。土耳其出现反华游行，是有深刻的现代历史原因的，这个原因就是我前边提到的所谓"本质"。掌握了这个本质的主要内容，就容易看透土耳其出现的涉我种种现象。我主要讲过如下三个方面的意思：

首先，还是所谓的"泛突厥主义"（pan-Turkism）这个老问题。子曰：必也正乎其名。所谓，名不正则言不顺。土耳其共和国（Türkiye）这个国家的词根是 Türk，有的时候翻译成突厥，有的时候翻译成土耳其。这个现代国家是在 1923 年建立的，它建国的时候，关于国名也是颇有争议的，毕竟这个新国家的前身是一个挺大的奥斯曼帝国，他们都习惯了自称奥斯曼人，现在认同的对象变成突厥或土耳其，总让人不是那么适应。这个身份转变还涉及一段民族迁徙、融合以及思想文化史的内容，此处就不赘述了。

第五章　土耳其与中国

但不管怎么说，我们熟悉的土耳其国父凯末尔这一派的势力和意见占了上风，国家就被定名为 Türkiye Cumhuriyeti，即土耳其共和国。这个名字定下来之后，一些自 19 世纪末以来就认同"突厥"的不同族群的人就把这儿视为自己的祖国。泛突厥主义的一个影响就是能让讲突厥语的不同民族误认为他们可能有一个共同的起源。

之前，有个研究中国问题的外国学生问我：说起来，源于沙特的瓦哈比主义也有很大影响力，可是，为什么中国和土耳其的关系很特殊，与沙特的关系为什么没有出现类似的特殊性呢？我告诉他说：两者不是一回事儿，沙特没有泛突厥主义问题。中国与沙特之间并不存在这种特殊性。

关于泛突厥主义，我和一些土耳其学者也争论过多次。现在，大家都普遍认为，历史上那种政治性的泛突厥主义，也就是要建立一个大突厥国家的妄想，基本上已经没什么人还当真了，但是，它在文化上和心理上的影响仍然是巨大的，在特定的时刻它自然会表现出其政治性来，比如，在反华问题上就是如此。

二是泛伊斯兰主义（pan-Islamism）的问题。全世界穆斯林有十几亿，他们信奉一个神，读同一本《古兰经》，朝一个方向礼拜，其中自然有一种朴素的"同胞之情"（brotherhood），这种情感并不复杂，不难理解。它还被发展成一种叫作泛伊斯兰主义的意识形态，至少从19世纪末的奥斯曼帝国开始，这种意识形态就被有意识地利用了，主要涉及两个方面：一是通过宗教来团结广大的穆斯林，二是与西方殖民主义对抗。这两个目的都有其历史的正当性。

中国很多人都知道左宗棠收复新疆的故事，其征讨对象是一个来自中亚的名叫阿古柏（Muhammad Yaqub Beg）的人，他入侵了中国领土，并在那里自立为王。较少为人所知的是，这个阿古柏至少在名义上是尊奉在伊斯坦布尔的奥斯曼帝国皇帝哈米德二世（sultan Abdul Hamid II）为最高领袖的，他还接受了来自伊斯坦布尔的册封，据说他统治下的地方还在星期五清真寺的聚礼上赞颂奥斯曼皇帝的名字，甚至发行了带有这个皇帝头像的硬币。这些举动虽然在历史上是昙花一现，但从认同角度来说，阿古柏及其追随者对"远西"的伊斯坦布尔更为认同，很重要的一个原因就是那里仍然是伊斯兰帝国的"中心"，穆斯林的"精神领袖"哈里发就是奥斯曼帝国的苏丹。而在中亚地区，当时其中心已经陷落在帝俄之手。

三是还有一个所谓现代性（modernity）的问题。很多中国人习惯性地将土耳其视为一个东方国家，对土耳其的现代化进程，远远不如民国时代的中国知识分子关注或了解那么多，从而容易忽视土耳其现代历史的西方性一面。尤其是中国现在越来越发展，自然有很多人瞧不上土耳其这个被一些网友称为"火鸡

第五章　土耳其与中国

国"的西亚国家。

土耳其文明的西方性,不只是土耳其人的自我宣传,或者仅仅是表现为要加入欧盟(EU)的种种不成功的努力,这些当然很重要,但显然又不止于此。土耳其的西方化努力甚至可以被浪漫地追溯到其帝国的发家史。按照著名学者伯纳德·刘易斯的说法,历史上操突厥语部族的西迁就是一个逐渐向西方靠拢的姿态,这个靠拢先受到波斯文明的影响,并接受了伊斯兰文明,进而继承了地中海文明的复杂遗产,随后又向现代西方文明靠近——入北约(NATO),(欲)进欧盟。

土耳其当代著名的战略家、前外交部长、前总理阿赫麦特·达乌特奥卢(Ahmet Davutoglu)曾撰文谈北约对土耳其的重要意义,其中他就写道:北约之重要性不是因为两大阵营的冷战,而为了实现自由的世界,只要这个世界还没有真正完全地实现自由,北约就有存在的必要;所以,那种说冷战结束了北约就该解散的观点是错误的,土耳其在北约里面,不只是个安全考虑或者战略选择,更是个价值选择。

从上面这一点容易看出,土耳其的价值既是伊斯兰的,也有很大成分上是西方的(即使是在表面上的)。所以,说什么西方媒体歪曲了对中国的报道,从而引发了土耳其的反华游行,是非常笼统的,毋宁说,在(歪曲)这个问题上,土耳其与西方是"沆瀣一气"的，它就是西方，它与西方分享同一个近代传统和价值，出于同样的偏见，做同样的歪曲。所以，他们关注的所谓宗教自由、少数族群问题，是一个西方语境下的问题，在这个问题上，土耳其人会攻击中国，其他的西方国家也同样会攻击土耳其！此外，中国对自身的世俗秩序、神圣特质以及"国体—政体"的表述，迄今尚未被西方意识形态主导的世界所普遍理解，大概也是一个原因吧。

简言之，泛突厥主义、泛伊斯兰主义和现代性，这三个方面共同影响着土耳其对中国某些敏感问题的关注、反应和言行。这就是我开头所说的本质所在。

2. "欧亚主义"与"一带一路"

2014年底，笔者在华东师范大学参加了一个中俄两国青年学者的培训班，其间，让我讲了一个题目，叫"土耳其与欧亚主义"。确切说，"欧亚主义"这个概念与土耳其的关系就是从那个时候开始走进我的视野的。不过，当时我主要还是从"新奥斯曼主义"与"泛突厥主义"这两个角度来讲土耳其的国家定位，认为"新奥斯曼主义"是当代土耳其对外战略的支柱之一；对所谓的"欧亚主义"只能说是有一些模糊的感觉。近来，受到"丝绸之路经济带"这个时代命题的刺激，我希望能够从某种思想史的角度，再做一番思考。

（1）引子：近世土耳其人的东方游记

19世纪末20世纪初的时候，有一些奥斯曼—土耳其人来到了东亚，尤其是到了日本、中国，并且留下了一些回忆录和游记类的文字。除了记述当地的风土人情，这些文字的一个重要方面是揭示当时土耳其的穆斯林如何看待东亚。简单来说就是，当时的奥斯曼—土耳其人非常赞赏日本，同时非常看不起中国。

奥斯曼—土耳其人赞赏日本的原因很简单。一是他们了解到也看到日本人实现了国家的进步（也就是后世所说的现代化）和强大，日本甚至打败了曾经强大的中国（1894）和强大的俄国（1905）；二是日本人非常文明化，尤其是很讲究卫生，为人彬彬有礼，非常讲究生活的细节；三是日本人在实现现代化的过程中并没有丢掉自身的传统，不管是在服饰还是习俗方面，日本人仍然珍视自身的传统。这几个原因，使得这些奥斯曼—土耳其人不仅非常羡慕日本人，而且从穆斯林的立场进行了阐发。

当时，初步认识了日本的奥斯曼—土耳其人进一步断言，日本潜在地是一个真正的、理想的伊斯兰民族与国度。日本人的文明化、进步与对自身传统的珍视，正是穆斯林应该做而没有完全做好的事情，而没有信奉伊斯兰教的日本人反而做到了。由此，在他们看来，日本要变成一个真正的伊斯兰国家并不难，因为它的种种好的方面已经潜在地是一个穆斯林民族了，后面的事情就只是一个名义和时间的问题了。这些奥斯曼—土耳其人希望日本人能够接受伊斯兰教。

对当时的奥斯曼—土耳其人来说，他们之所以如此看重日本，除了认识到它的先进、强大与文明之外，更重要的是奥斯曼—土耳其人把日本人视为黄种人的骄傲，视日本人为东方人和亚洲人的骄傲。同样面临列强压力，同样在追求现代化的奥斯曼—土耳其人，尽管对自身问题的认识非常深刻，但是，并没有实现日本那样的进步，尤其是奥斯曼帝国的问题重重，要达到日本的高度，不是一时半会儿可以实现的。但是，作为自我定位在亚洲和东方的奥斯曼—土耳其人，他们在当时有一个强烈的群体意识，那就是，东方人的落后与西方的进步，使得东方民族普遍地处于水深火热的危机之中，东方人面临失败和灭亡的危险，在这种情况下，东方人必须团结起来。这种团结，最初就是一种泛伊斯兰主义的主张，即团结起所有的穆斯林来，进行圣战（Jihad），对抗西方殖民和帝国主义。几乎与此同时，他们发现了日本，就顺势把日本当成了东方人的领袖，认为，只有日本有能力带领东方人走向进步并战胜西方人。当时持这种想法的中国人也是有的。

关于中国，这些奥斯曼—土耳其人也有很多记载

第五章 土耳其与中国

和断言。但普遍的感受是,中国大而虚弱,中国人多而散漫,没有法治,尤其是他们强调中国人非常不讲究个人卫生,这些都与日本人形成了鲜明的对比。在这些土耳其人的记述中,他们对当时的中国不抱希望。①

可见一百多年前,日本人和作为外来观察者的土耳其人有一个共同认知,那就是东西方是不一样的,日本人是东方人的希望所在。他们认为,只有日本才具有拯救东方的能力。在土耳其人的观察里,日本的这种能力不是基于它的特殊性,而是基于它的普世性,这种普世性不仅仅是用通俗的标准来看的,而且是基于伊斯兰标准来看的,他们认为伊斯兰标准不是一个特殊性的标准,而是一个普世的标准。在这个普世的标准衡量下的日本,仍然是先进的,所以才是有希望的。

奥斯曼—土耳其人对 19 世纪末 20 世纪初的日本的观察,渗透着对东方民族命运的深切关怀和自我观照。这个意识在西方占主导的世界现代史上,成为东方民族的普遍忧思,某种程度上至今仍然如此。这就是东方民族主义的内在困境:既要实现现代化(模仿西方),又要建构自身的认同。这是两难的,实现现

---

① Mustafa Serdar Palabıyık, "The Ottoman Travellers' Perceptions of the Far East in the Early Twentieth Century," in *Bilig*, Spring 2013, Number 65.

代化必然就意味着去承认西方的先进，要去学习和模仿西方，但是建构自身的认同，又要求自己与西方不一样，而且害怕失去自我，必须有一个独特的自我身份。这样，问题就来了：一个模仿西方的东方民族还能够是它自己吗？

（2）作为一个概念的"欧亚主义"

最初接触欧亚主义这个概念，还是多年前在翻译一篇与苏联和俄罗斯发展有关的文章的时候，"欧亚主义"（英语：Eurasia；俄语：Евразия/Evrazia；土耳其语：Avrasya）是20世纪二三十年代出现在苏俄的，在苏联解体后得到复活，所谓"新欧亚主义"（Neo-Eurasianism）的代表就是俄罗斯人亚历山大·杜金（Alexander Dugin）[1]。"欧亚主义"这个概念，学术界一般是将其与俄国的文明和国家定位联系起来看的，俄罗斯这个国家的身份和认同一向存在"西方 vs 斯拉夫"之争。说到底，也就是我前面提到的那个东方民族主义的内在困境在俄罗斯的表现形式罢了。

"西方 vs 斯拉夫"这个争论可以追溯到17世纪，也就是从那个时候开始出现了"西方化"与"斯拉夫主义"的分歧。这个分歧发展到19—20世纪的时候，就逐渐成了"大西洋主义"与"欧亚主义"之争。大西洋主义者（Atlanticists）认为俄罗斯应该认同西欧

---

[1] Alexander Dugin, *Eurasian Mission—An Introduction to Neo-Eurasianism*, Arktos Media Ltd., 2014.

与美国阵营,而欧亚主义者(Eurasianists)强调的是东欧与中亚对俄罗斯发展的重要性。具体来说,在1945—1990年间,所谓的大西洋主义者认同的是西欧或美国,而在1990年以后,大西洋主义者已经不再区分西欧或美国,而统一地将其视为一个"西方"。关于俄罗斯的这个身份和认同的内在矛盾,已经有很多学者谈过,其中亨廷顿在《文明的冲突与世界秩序的重建》① 一书中也谈得比较详细。

(3)追求现代化的土耳其

对土耳其这个国家来说,问题是有相似性的。不过,欧亚主义这个词是在冷战后逐渐传播开来的,迄今在土耳其的影响也不是特别大。要讲清楚土耳其的这个故事,还需要插播另一段政治思想史的内容。

一般的中国读者都知道土耳其国父穆斯塔法·凯末尔·阿塔图尔克(Mustafa Kemal Ataturk)领导的革命和激进的西方化改革,不过,对于凯末尔时代的土耳其人来说西方化主要还是体现在内政上,外交上直到第二次世界大战末期,土耳其共和国一直奉行的是某种孤立主义的政策。至少从奥斯曼帝国晚期开始,在土耳其就出现过关于国家发展的不同思潮,整体而言,占据主流的都是支持现代化或变革的,都意识到

---

① 〔美〕塞缪尔·亨廷顿,周琪等译:《文明的冲突与世界秩序的重建》,北京:新华出版社,1999年,第145—146页。

再不搞改革国家就不行了。不过,在改革的思路上又存在较大差异,可以大致分成"部分西化派""伊斯兰现代主义""全盘西化派"。

"部分西化派"是早期的改革主义者,类似中国的洋务派,他们相信西方的优越性,但是无力挑战国内的既有体制,最终形成的是一种本土和西方并存的"双元结构";"伊斯兰现代主义者"在思想上更为成熟和深刻,他们不是一般意义上的"体""用"二元论者,而是坚信西方的那些优越性从伊斯兰传统中都能找到依据,从而在总体上支持现代化,但不相信西方的价值优越论,认为伊斯兰与现代化不矛盾;① 全盘西化论者以青年土耳其党人(早期的凯末尔主义者也是青年土耳其党人的一部分)为代表,他们将传统视为进步的障碍,意欲以一种秋风扫落叶的狂飙突进方式将土耳其提升到欧洲文明的高度,与伊斯兰现代主义者不同的是,青年土耳其党人没有心思严肃谨慎地对待自身的伊斯兰传统。

从国家对外战略的角度来说,20世纪初的土耳其还迷茫在西方化、泛伊斯兰主义和泛突厥主义交织的复杂选项中。泛伊斯兰主义号召全世界穆斯林团结起来,在哈里发的领导下反对西方殖民主义;泛突厥主

---

① Şerif Mardin, *The Genesis of Young Ottoman Thoughts: A Study in the Modernization of Turkish Political Ideas*, Syracuse University Press, 2000.

义意识到中东地区穆斯林不同民族之间的差异和离心离德,把注意力转到内陆欧亚地区广大讲突厥语的不同民族身上,梦想着将这些人团结起来,复兴或建立一个所谓的突厥帝国或联邦。最早传播这种想法的是俄国统治下的鞑靼知识分子,他们有一些人后来移民到了土耳其,对泛突厥主义在土耳其的传播产生了巨大影响。不过,在政治上和军事上,泛突厥主义无论是在中亚、伏尔加河流域、克里米亚,还是在土耳其,都失败了。最终,几经起落,它在当下的表现形式主要有:一种文化民族主义的情结;少数极端民族主义者的幻想;土耳其对内陆欧亚地区政策的某种精神内核,有时却又不得不去加以掩饰。

(4)"无所适从"的国家?

在亨廷顿关于文明冲突理论的阐述中,他重点提到了俄罗斯、土耳其与墨西哥,说它们属于典型的"无所适从"的国家。"在从事这项事业(指现代化——引者)和抛弃伊斯兰的历史时,基马尔(今译凯末尔)使土耳其成了一个'无所适从'的国家,一个在其宗教、遗产、习俗和体制方面是伊斯兰的社会,但是其统治精英却决心使它成为现代的、西方的和与西方一致的。"对于俄罗斯而言,重要的问题是自己到底该在欧亚认同还是西方认同之间做出选择。

在亨廷顿看来,土耳其、俄罗斯这样的国家,在整体上可以看作是一个内部具有文明一致性的实体,也就是说，俄罗斯是东正教文明，土耳其是伊斯兰文明，在它们的内部，并不存在明显的、那种文明圈意义上的断裂。但在对外的地缘和文明定位上，就面临"无所适从"。

（5）从泛突厥主义到欧亚主义

1923—1945年的土耳其是孤立主义阶段。1945—1990年的冷战时期，土耳其一边倒向西方阵营；冷战末期以来，土耳其面临重新建立国家定位的问题，主要是世界格局和地区形势的改变，使土耳其失去了原有的战略地位，它必须重新寻求一个新的国家战略定位。

冷战后，土耳其重新寻求国家定位的过程充满了矛盾性。由于中亚和高加索地区出现了很多新的独立主权国家，这些国家中有相当一部分是讲突厥语的，也是信奉伊斯兰教的。如前所述，在20世纪90年代前半叶，土耳其有相当一部分人认为可以复活泛突厥主义的梦想，建立一个从伊斯坦布尔到帕米尔的所谓突厥语国家联盟。土耳其的总统厄扎尔、德米雷尔都曾致力于此，不过，他们很快就发现，中亚国家对土耳其的泛突厥主义企图抱有很深的疑虑，这些国家对土耳其要在苏联之后做"大哥"的想法很反感，尤其是在较长一段时期里像土库曼斯坦、乌兹别克斯坦的反对态度更为明确。这使得土耳其不得不收缩其战略图谋，尤其是尽力避免在政治上和国家关系上过多使用"突厥元素"。更主要地是把突厥元素注入文化、教育、民间交往等软性领域,当然,它的这种做法在中亚国家的民间还是取得了一定效果的。

在上述策略调整的过程中,俄罗斯的"新欧亚主义"运动的代表杜金"瞄上"了土耳其,并将其运动和思想输出到土耳其,在近十年间吸引了不少土耳其的学者、知识分子、媒体人士、政党领袖、非政府组织的兴趣,甚至在军方也有拥趸。

杜金针对土耳其的欧亚主义宣传主要强调建立土耳其与俄罗斯的亲善关系,形成在欧亚地区的互补与互助,建立所谓的"土俄轴心"。现在欧亚主义对于土耳其的政治精英来说,是作为泛突厥主义的替代物来使用的,因为以土耳其只是作为一个地区性国家的实力来说,它能够发挥影响力的主要还是讲突厥语的不同国家。以欧亚主义这个区域概念代替泛突厥主义这个令多方不安的提法似乎更好,也能更好地服务于土耳其的国家利益。

(6)土耳其与"丝绸之路经济带"

土耳其是 G20 的重要成员国,是北约成员国中陆军实力仅次于美国的国家,也是综合实力最强的伊斯兰国家。土耳其有一个百年梦想,就是在经济实力上在建国一百周年的时候(2023)进入世界前十名。

对于内陆欧亚地区(Central Eurasia),土耳其的战略主要还是立足于扩大市场份额，将自身打造成为这个地区丰富能源的转运通道国家，同时利用语言、宗教、种族、历史等方面的软实力扩大自己的影响，在这一过程中，无论是土耳其官方还是民间，都经常结合伊斯兰与突厥元素。

在中国提出"丝绸之路经济带"倡议后，从新疆往西一直到伊斯坦布尔的这片广阔区域，土耳其也是一个重要且特殊的存在。2015年，土耳其总统埃尔多安访华，两国领导人在会晤期间多次提到要将中国提出的"丝绸之路经济带"与土耳其的"中间走廊"计划相对接，将中国的倡议与土耳其的全方位发展计划相对接。根据笔者接触的有限资料来看，土耳其近年来提出的"中间走廊"（Orta Koridor）是一个连接亚洲和欧洲的交通网络（ulasim agini），覆盖范围从土耳其、阿塞拜疆经里海（Hazar Denizi）一直到中亚和中国。

同为新兴经济体，同为G20的重要国家，一个是世界性大国，一个是区域性强国，共同经历过百余年的痛与泪，走到今天都殊为不易。习主席相关讲话中尤其强调了两国关系对于发展中国家的意义。回看前文提到的百年前的土耳其人观感，让笔者不禁想到毛主席的一句词："夏日消溶，江河横溢，人或为鱼鳖。千秋功罪，谁人曾与评说？"

奥斯曼帝国是一个欧洲色彩比较重的帝国,在某种意义上,它就是如自己所宣称的那样是东罗马帝国的继承者和发展者。

附 录

解读《奥斯曼帝国：五百年的和平》

得到书单丨北大昝涛教授解读奥斯曼帝国
——关于林佳世子《奥斯曼帝国：五百年的和平》一书采访精选

1. 当代中国人为什么要了解奥斯曼帝国的历史？

首先，从纯粹的历史角度来说，随着中国经济社会的发展，中国对世界的了解和认识会变得越来越有必要。但是我们以前对于西方关注比较多，对于非西方，像中东这些地方，关注的相对较少。比如土耳其、奥斯曼帝国的历史，一方面需要专业人士去研究，另一方面也需要公众的兴趣来滋养相关的研究，形成一个相辅相成的关系。

其次，奥斯曼帝国是一个完整的帝国兴衰的案例。它的兴起不光是欧洲和中东的事儿，与亚洲甚至中国都有渊源。从 14 世纪一直到 20 世纪六七百年的过程里面,它经历了人类历史上很多重大历史发展的时刻,但它没有经历朝代更替,而是一个王朝延续下来。另外,这个伊斯兰色彩很重的政权和欧洲关系很近,从这个意义上来说,奥斯曼帝国所面临的种种问题,它应对挑战的种种做法都值得总结和借鉴,尤其是所谓的东西方文明的关系,可以帮助我们理解今天的很多问题。

进一步说,今天中东的格局其实就是奥斯曼帝国解体影响下出现的。离开奥斯曼帝国,尤其是离开对奥斯曼帝国近代史的探索,我们对于中东和欧洲历史的认识就是不完整的。

当然,奥斯曼帝国也带来很多教训,这也是我自己最近一段时期非常关注的一个话题。中国也面临多民族和宗教以及复杂地缘政治的问题,奥斯曼帝国所经历的那些挫折和失败,包括民主化、西方化的改革,对维护国家完整和统一的经验教训,我觉得非常值得总结。

2. 这本书的题目是《奥斯曼帝国:五百年的和平》,请问这里的"和平"是指什么?

奥斯曼帝国在五百年间没少打仗,内部也并非长期稳定,严格来说称不上"和平"。我推测,作者所谓的"五百年和平"大概是模仿了"罗马统治下的和平"(Pax Romana)这个表述,强调在奥斯曼帝国的治理下，内部实现了相对稳定的秩序。"五百年"这个时间限定就更能佐证这一点。因为按照作者林佳世子的说法，一般意义上传统的奥斯曼帝国实际上在 18 世纪末、19 世纪初就不存在了。对外战争的失败和内部民族主义的发展，使原有帝国的规模已经相当萎缩，体制上也在 19 世纪因为"近代化"而发生重大变化。作者说，"将辽阔疆域置于真正意义的奥斯曼帝国统治下的体制到 18 世纪末已经消亡"。也就是说，从 18 世纪末开始，"奥斯曼治下的和平"意义上的秩序已经难以持续了。我想，这大概就是作者所谓的"五百年的和平"的意思吧。

3. 对于一位历史爱好者，应该如何大致把握奥斯曼帝国的发展脉络？

学界对于奥斯曼帝国的分期并没有什么共识，而且，我也不建议对奥斯曼帝国的历史阶段进行勉强或固定的划分，因为奥斯曼帝国历史最大的一个特点是多元且复杂。

如果要做一个粗略的历史分期的话，可以大致分为四段，具体详见本书第一章。

传统观点会把苏雷曼大帝统治结束后的时期视为奥斯曼帝国漫长的衰落期，这种观点并不是完全没有道理，但现在已经被主流学界放弃了。最近我给《奥斯曼帝国六百年》一书写评论时，具体谈了这个问题。"衰落"（decline）是相对的概念，并没有一个明确的标准，实际上，在苏雷曼大帝之后的两个多世纪，奥斯曼帝国的状况也是起伏变化的，不是"衰落"两个字就能简单概括的。

4. 本书中这样一段话，"长时间形成的中央集权体制走向衰落，奥斯曼帝国自身也要从内部开始走向解体"。本书多次提到"中央集权"，您是怎么看待中央集权与奥斯曼帝国兴衰关系的？

过去很长时期，很多学者在解释奥斯曼帝国解体的时候，会把中央集权的衰落和失败作为一个很重要的原因。但这只是视角之一，而且是从奥斯曼帝国统治者尤其是中央的角度来看的。林佳世子这本书有个特点，就是虽然它多次提到了中央集权，但作者在书里既没有刻意赞美中央集权，但也不是完全反对它。比如，在讲到游牧传统反抗中央集权的时候，在讲地方实力派崛起的时候，作者就看到，对中央集权的反抗，有时候也有不得已的一面，有时候对普通人的小生活也是有一定好处的。

奥斯曼帝国的中央集权跟中国不太一样。我们讲中央权力的时候，更多强调的是秦朝以后日益发展的皇权体制、郡县制度和文人治国的官僚制等等。但跟中国传统相比，这种体制在奥斯曼帝国并不发达，奥斯曼帝国的统治者也不是靠这种方式来搞中央集权的，奥斯曼帝国的统治有自己的特点。

比如军队方面，在 16 世纪以前，奥斯曼帝国给骑兵分配土地的蒂玛尔制度，有分封制的因素，但是它跟欧洲的分封制度不太一样，因为奥斯曼帝国的分封制下得到的土地没有私有产权，理论上不能世袭，得到土地的骑兵也有负责地方治安的义务。随着火器的发展，战争技术变了，骑兵的用处就越来越小，但要养陆军常备军，国家需要的钱越来越多，然后包税制度就逐渐出现了。当然每个制度的产生都是有原因的，在大部分时候它们都发挥了其作用。但是时间长了，原有制度不能满足现实需求了，就面临改革和调整的困窘。

又比如，奥斯曼帝国的精英选拔体系里面，也有一个"用什么样的人"的问题。很多人都知道"devşirme"制度，也就是奥斯曼帝国征召基督徒家庭的小男孩，使其改宗伊斯兰教，加以特殊培训，然后进入统治阶层和禁卫军的做法，这些精英在身份上是皇帝的"奴仆"，所以这个制度有时候翻译成"奴官制度"，这样选拔出来的精英，进入国家系统，一方面增强了奥斯曼帝国的常备军力量，另一方面，军队内部的精英人士会成长为帝国的重要官员，包括地方总督、大臣和宰相。这有助于维护苏丹大权、中央集权。奥斯曼帝国也有文官，尤其是法律体系的法官（kadi），他们来自一个相对独立的教育体系，即伊斯兰教育。但总的来说,奥斯曼帝国没有科举制,也没有普遍实行的郡县体系,没有形成中国那样成熟完善的中央集权体系。

在奥斯曼帝国中央和地方关系上,有一个突出现象就是"特区"很多,除了帝国的核心区以外,中央对很多地区并没有很强的直接控制力与统治。比如,在 16 世纪前期征服了阿拉伯地区后,就保留了很多当地原有的社会体制,尤其是原有贵族的权力结构。另外像多瑙河以北、瓦拉几亚、摩尔达维亚等地以及克里米亚,它们更像是奥斯曼帝国的保护国、附属地区,也不在中央集权的直接控制之下。所以,奥斯曼帝国存在一个非常明显的圈层结构,越是靠近首都伊斯坦布尔的,中央集权的特点就更明显,是帝国统治的第一圈层。距离伊斯坦布尔越远,中央的直接控制力就会逐渐下降。帝国统治的第二层是实行蒂玛尔制度的安纳托利亚部分地区、巴尔干半岛上的阿尔巴尼亚、塞尔维亚、希腊等。再向外就是第三圈层,也就是多瑙河以北、克里米亚、大部分的阿拉伯地区等。

另外,在帝国后期,出现了强大的地方实力派(ayan),它们其实有两面性,既在一定程度上威胁到中央集权,又依赖并维护中央的权威。不过到 19 世纪的前半期,马哈茂德二世搞定了地方实力派,然后搞改革。但这并不意味着地方实力派都是保守派或反动派,他们其实也热衷于搞改革,最典型的例子就是埃及的穆罕默德·阿里。

5. 巴尔干地区、小亚细亚地区、阿拉伯地区在奥斯曼帝国的历史上扮演着什么角色?

如果讲奥斯曼帝国的源头,需要从小亚细亚讲起,如果要讲帝国的发展,更应该重视欧洲大陆部分。奥斯曼人在巴尔干地区立足以后,帝国才真正发展起来。最初,奥斯曼人只是小亚细亚几十个地方政权中的一个而已,但后来它借助于地利和统治者的谋略,先把巴尔干地区拿下并巩固之后,才回过头去巩固小亚细亚。而且小亚细亚东部一直不安定,后来不断面对东部伊朗的萨法维王朝的挑战,小亚细亚的东南部就更加不稳定了。

奥斯曼帝国是一个欧洲色彩比较重的帝国,在某种意义上,它就是如自己所宣称的那样是东罗马帝国的继承者和发展者。奥斯曼帝国极盛时期的版图,跟东罗马帝国的版图很相近。但是由于许多非学术因素影响,比如政治因素、文明因素,奥斯曼帝国长期不被认为是欧洲国家。巴尔干地区后来形成的各个国家也都不认可奥斯曼帝国统治的历史阶段,而是把那段历史当成一个黑暗时代、特殊时期,是被土耳其人异族统治的时代。但这是民族主义的观念影响的结果,回到奥斯曼帝国时期,这些地区居民的地位与世界上其他地区的很多居民相比并不低。客观地看待奥斯曼帝国五百年的历史过程，巴尔干地区，或者说东南欧地区，在奥斯曼帝国的历史上发挥了最重要的作用，巴尔干也始终是奥斯曼帝国统治的重心所在，奥斯曼帝国的真正失败也是从逐渐失去对巴尔干地区的统治开始的。

再说阿拉伯地区。奥斯曼人征服阿拉伯地区具有一定偶然性，并不像是"蓄谋已久的计划"。奥斯曼人很可能也没有想到这么快就能赢。拿下阿拉伯地区后，直接结果是奥斯曼帝国版图的迅速扩大以及财富的增长。除了把"粮仓"埃及收入囊中，地中海以东的阿勒颇、摩苏尔、大马士革等大城市，以及耶路撒冷、麦加、麦地那三座圣城也进入帝国版图。

这样，东地中海贸易的核心区和命脉就被奥斯曼帝国掌控，这对欧洲造成了很大影响，所以西班牙等欧洲国家在这里和奥斯曼进行了很长时间的竞争。

除了经济价值以外，还有宗教意义。奥斯曼帝国统治者从埃及统治者手里拿到哈里发头衔，成为"两座圣城（麦加和麦地那）的仆人"，也就是保护者。这极大地提升了奥斯曼帝国在整个伊斯兰世界尤其是占多数的逊尼派穆斯林中的地位，奥斯曼帝国成为伊斯兰世界真正的核心国家和最强大的国家。

除了以上，奥斯曼帝国还收获了许多人才。在征服了阿拉伯以后，正统的伊斯兰学术和秩序获得发展的机会，中东伊斯兰世界进入一个蓬勃发展的时代。有一个说法我是比较赞同的，奥斯曼帝国在征服阿拉伯地区之后经历了一个真正的伊斯兰化的时期。

6. 蒂玛尔制是奥斯曼帝国前期和中期最重要的基层组织制度，不过它看起来非常像西欧的封建制。蒂玛尔制和西欧封建制有什么不同呢？

蒂玛尔制度是国家土地所有制基础上的分封，没有所有权，分的是税收权。西欧封建制不是这样的，比如，封建主可以支配自己的土地，能够继续分封，有句话叫"我的封臣的封臣不是我的封臣"，就是描述西欧封建制度中的采邑制中的从属关系，欧洲各级封建主之间只效忠于直接上级，隔级之间无效忠关系，奥斯曼没有这种情况。

7. 作者多次强调，奥斯曼帝国"运用伊斯兰教法治国"，但它不是"伊斯兰国家"（比如前言的第六小节）。前面两者有什么区别呢？"运用伊斯兰教法"而非成为"伊斯兰国家"，会给奥斯曼帝国的统治带来哪些影响？

问题可以这么看。其实，过去那些被称为伊斯兰帝国的国家，在所谓的宗教激进主义者看来，那些都不算是"伊斯兰国"，不只是奥斯曼帝国这样。

所以,这里涉及对什么是"伊斯兰国"的理解,虽然很有争议,但一般认为,先知在麦地那时代的统治算是一个典范,当然那个状态是没法再复制的,后来就有了很多其他的定义,比如,有的说是将伊斯兰教定为国教的国家,有的说是实行伊斯兰教法统治的国家。但在原教旨主义或宗教激进主义的意义上,应该是"麦地那模式",或全面实行伊斯兰教法、由宗教权威统治的国家。

我想,作者是在将奥斯曼帝国与宗教激进主义理解的"伊斯兰国家"进行对比。显然,奥斯曼帝国,虽然实行伊斯兰教教法的统治,虽然伊斯兰教具有国教的地位,但它仍然是一个帝国模式,而非"麦地那模式",宗教权威也无法全面统治国家。

奥斯曼帝国时代的一个重要特征是国家控制宗教,这一传统被共和国继承和发扬。在奥斯曼帝国,君主位居顶端,集各项大权于一身,既是帝国最高的世俗君主(苏丹,Sultan),又拥有"哈里发"(Khalifa)的称号。苏丹之下设立国务会议,由数名大臣、大法官和国务秘书组成。通过君主颁布的世俗法和官僚体制的扩张,奥斯曼帝国从未成为严格意义上的伊斯兰神权国家(伊斯兰国)。

奥斯曼帝国基于伊斯兰教法进行统治,社会政治生活的各方面——司法、税收、军队、学校等——都要至少在理论上按照伊斯兰教法的原则进行统治。穆斯林在奥斯曼帝国处于优越地位。奥斯曼土耳其人信奉的是逊尼派伊斯兰教，追随较为温和的哈乃斐教法学派。但在奥斯曼帝国时代，负责管理伊斯兰宗教事务的职位是谢赫·伊斯兰（sheikh al-Islam），是由君主任命的。

16世纪之后，负责宗教教育和教法实践的乌莱玛（ulema，宗教学者）阶层已经被基本上整合进国家官僚体制，其任命和薪水由国家负责，这是奥斯曼帝国实现对宗教的政治控制的重要和有效的方式。

较新的研究认为，哈里发体制本身就具有世俗性。奥斯曼帝国的君主有权力发布卡农（kanun），即一种以圣谕形式出现的、被书写和编纂出来的世俗法律，它只是在理论上须与伊斯兰教法相一致。其实，卡农被认为来自"突厥—蒙古"传统，强调统治者维护法律、秩序和共善的角色。卡农有助于建立一个宗教法之外的世俗领域。

8. 近代的奥斯曼帝国被称为"欧洲病夫"或"中东病夫"，我们知道近代中国曾被称为"东亚病夫"。但相比较于奥斯曼帝国从19世纪开始逐渐瓦解，中国的主体部分却能被继承下来。为什么会有这种差别呢？

原因很复杂。首先地缘政治的复杂程度是不一样的。近代中国的东部开始出现一个强大的国家——崛起之后的日本。虽然我们多次被打败,但最终中国是胜利的一方。这是中国得以保持主体部分比较完整的重要原因。

另外还有北边的俄国。俄国的确占领了中国很多的领土,但俄国对奥斯曼帝国的威胁其实更大。因为俄国的关注重点在欧洲和近东,俄罗斯帝国甚至曾经兵临奥斯曼帝国首都伊斯坦布尔城下。更不用说在欧洲还有以奥地利为代表的强国以及在地中海上的欧洲多国力量,长期与奥斯曼竞争。所以,奥斯曼帝国面临的外部威胁要远比中国更严重。

从民族的角度来说,中国有一个以汉语为母语的、具有绝对的地利和财政占优势的、数量上也占绝对优势的主体民族,这也有利于维护国家的大一统。从奥斯曼帝国内部来说,它的人口、宗教和文化的多元特性比中国更复杂。很长时期以来,奥斯曼帝国境内近一半的人口是基督教徒,而且奥斯曼帝国有大片领土在欧洲,有很多欧洲邻居,帝国境内的非穆斯林与欧洲国家关系密切而特殊,离心力越来越强。所以,奥斯曼帝国的内忧和外患是结合一起的,奥斯曼帝国的内战往往纠缠了民族纷争与地缘竞争的综合因素,这是奥斯曼帝国非常典型的不同于中国的特点。

另外,因为奥斯曼帝国地跨欧亚非三大陆,地缘位置极为重要和敏感。欧洲其实有一个肢解奥斯曼帝国的计划，也就是所谓的"东方问题"。

还有就是奥斯曼帝国是第一次世界大战的战败国。试想，如果奥斯曼帝国是第一次世界大战战胜国，它的命运可能会不同。当然历史无法假设。而不管如何，中国是第一次世界大战的战胜国。

回顾来看，埋葬奥斯曼帝国的不光是西方人、欧洲人，也不光是第一次世界大战，同样重要的还有帝国境内的基督教民族主义以及土耳其人自己。"一战"后，在民族运动的过程中，土耳其人和其他非穆斯林民族类似，也决定抛弃奥斯曼帝国，建立一个现代的共和国。

9. 从发展路径以及中央集权统治这个角度来说，奥斯曼帝国与清王朝有一些共性。从曾经拥有广阔疆域、帝国解体后形成很多独立政治体这一点来说，奥斯曼帝国与蒙古帝国很相似。您怎么看这两组比较？

这是一个很好的也很重要的"比较帝国史"的问题。先比较一下清朝和奥斯曼帝国。所谓满人入关建立大清王朝，这和奥斯曼人建立帝国统治有相似之处，首先他们各自的统治集团都不是一个纯粹的民族集团，而是一个复合集团。两者在建立多民族国家的过程中，都征服了富裕的定居社会，借以解决了国家建设和扩张所需的财政问题。不过从中央集权化来说，奥斯曼没有清朝的程度深。毕竟，清朝继承了一个非常发达的官僚集权的中华帝国传统，包括财税制度。虽然新清史总强调清朝的内亚特性，但我还是认为中国化是主要的。而奥斯曼帝国整合了多个传统，包括内陆亚洲、地中海、罗马、阿拉伯、波斯、伊斯兰等等，是一个多元化的历史继承，它的官僚制并不发达。

再从继承性的角度来说，土耳其只继承了奥斯曼帝国的一小部分领土，更多的是一种精神上的继承。现在土耳其很重要的一个意识形态就是"新奥斯曼主义"，虽然新奥斯曼主义本身有很复杂的地缘政治和经济利益的考虑，但是从精神来说，它意味着对奥斯曼帝国的重新评价，具有重新承认奥斯曼帝国伟大性的鲜明特点。而新中国对古代中国的继承是领土与文明的双重继承。这一点和土耳其不同。不过，在这个都在强调民族伟大复兴的时代，在对各自传统的积极评价上，双方也是有相似性的。

再比较一下奥斯曼帝国和蒙古帝国。我们说了土耳其和奥斯曼帝国是直接继承的关系。奥斯曼帝国崩溃已经是距离现在不远的20世纪的事情了。帝国解体后直接进入民族国家时代，土耳其继承了奥斯曼帝国的主体民族、知识精英和文化传统。

从蒙古国家建构的角度来说，现在的蒙古国和蒙古帝国虽然有继承的关系，但蒙古帝国是13—14世纪的事情，两者距离比较遥远。所以很多蒙古帝国的东西，包括领土、传统、文化习俗并没有被直接继承下来。今天的蒙古国并非直接继承自蒙古帝国或元朝。

蒙古国的历史叙事会把被清朝统治至苏联影响的几百年历史当作黑暗的"殖民"时期。蒙古征服建立巨型帝国之后搞了兄弟分封,蒙古人的政权陆续在当地败亡后,大部分蒙古人也就被同化和消失了。

奥斯曼土耳其人,虽然也是征服民族,也有类似的经历,但并没有像蒙古人那样只建立征服民族的高压统治,而是有伊斯兰文明作为支撑,反而对当地有很大的同化力,比如在欧洲的被征服土地上,就出现了为数不少的改宗伊斯兰教者,还有一个就是利用我们说的"奴官制"汲取当地的人力资源。在奥斯曼帝国衰亡的过程中,有很多改宗穆斯林的后代移民到了土耳其境内,成了土耳其人。土耳其国父凯末尔就是马其顿人。蒙古国主要的移民是西边的哈萨克人,哈萨克人说自己是成吉思汗的后裔,是术赤这一系传承而来的,不过,蒙古人可不把哈萨克人当作是同类,因为语言和宗教不一样,哈萨克在宗教上伊斯兰成分比较重,而蒙古人主要是信仰佛教,语言上,哈萨克语属于突厥语族,而不是蒙古语。

从文化发展方面来说,在蒙古国的社会主义时代,当时的政权对宗教和旧贵族的清除比较彻底,但在土耳其建国后,帝国时代的精英基本留用了,虽然土耳其的世俗化也很激进,但并没有与宗教为敌。

(本文是 2020 年 3 月"得到"APP 对昝涛的采访。)

从凯末尔到埃尔多安：土耳其模式的进化
——《三联生活周刊》专访北京大学历史系副教授昝涛

导言

1938年11月10日，土耳其之父凯末尔因病去世，享年57岁。凯末尔一生没有留下子女，他在战争中的助手伊斯梅特·伊诺努接替了他的职位，顺利当选新一届总统，同时出任共和人民党主席。伊诺努继承了凯末尔的外交路线，"二战"时明智地选择了中立，战后则迅速抛弃了苏联，和欧美结盟，加入了北大西洋公约组织（NATO），派兵参加了朝鲜战争，并和以色列建立了友好关系。这一系列行动帮助土耳其从美国的马歇尔计划中拿到了2.59亿美元的巨额援助，土耳其经济在欧美的帮助下得以迅速起飞。

土耳其的政治改革比经济腾飞来得还要迅速。凯末尔去世后的第二年,共和人民党就召开大会,宣布党和政府职能分离,其任命不再相互结合,同时决定在议会内部成立反对党,以显示国家制度的民主性。"二战"还未结束,土耳其就开放了党禁,短短5年时间里出现了27个形形色色的大小党派。1946年,土耳其进行了第一次多党派选举,虽然共和人民党获胜,但反对党也取得了一定的票数并进入了内阁,共和人民党一党独大的局面被打破。1950年举行了第二次大选,民主党争取到了土耳其农村大批传统穆斯林的支持,一举击败共和人民党,完成了执政党的和平更替,这个速度在新兴民主国家中是罕见的。

但是,从此以后土耳其就进入了一个政治上的混乱期,并于1960年、1971年和1980年先后发生了3次军事政变,3次政变的过程十分相似。有意思的是,军方每次得手后都迅速组织大选,然后把权力交还给民选政府,因此这3次军人干政都没有对土耳其的民主进程带来巨大伤害。

1996年,一个伊斯兰主义政党——繁荣党被选上了台,做了很多出格的事情。但这一次土耳其军队没有依靠流血的军事政变,而只是委托国家安全委员会发表了一份声明,宣布繁荣党藐视法庭对宗教介入政治的禁令,依法将其取缔。凯末尔主义者在这场不流血的"后现代政变"中再次获胜,世俗化政策得以延续。

2002年,土耳其政坛发生了大地震,明显亲伊斯兰教的正义与发展党在议会选举中获胜,该党领袖雷杰普·埃尔多安(Recep Erdogan)早年曾因"煽动宗教暴力"被禁止列席国会,但他后来改变了政策,避开这一话题,终于得以进入国会并成为土耳其新总理。这一次土耳其军方没有干涉选举结果,土耳其在埃尔多安的领导下,安全度过了全球经济危机,获得了中下层民众的广泛支持。

2007年,正义与发展党候选人阿卜杜拉·居尔(Abdullah Gul)在总统选举中获胜,当选土耳其新一届总统,进一步巩固了该党在土耳其政坛的统治地位。2010年,土耳其警察发动突然袭击,逮捕了一大批军队高官,此后埃尔多安多次公开表示,要对土耳其军队历史上所有"违反人权"的行为进行彻底调查。凯末尔主义者和亲伊斯兰派别之间经过多年的争斗,胜负的天平终于开始向后者倾斜,被西方国家称颂多年的土耳其模式完成了从凯末尔主义向埃尔多安主义的过渡。

事实上,类似的戏码在中东国家曾经多次上演,那就是权威政治推动国家的世俗化和西化,但却在自由民主运动进行到某一程度时瓦解了自身,被纷纷兴起的传统伊斯兰势力取而代之。1979年爆发的伊朗革命就是如此,2011年的阿拉伯之春也是这样。对此现象,西方媒体表现得十分纠结,既对中东地区的民主革命表示欢迎,又对伊斯兰原教旨运动的复兴忧心忡忡，但《凯末尔传》的作者安德鲁·曼格（Andrew Mango）却认为，目前在土耳其发生的逊尼派穆斯林复兴运动是对凯末尔强力推行世俗化运动的一种正常反应，不必过分担心。

那么，这种变化对全世界来说究竟意味着什么呢？对中国有无影响？本刊记者带着这些疑问对北京大学历史系副教授、土耳其问题专家昝涛博士进行了专访。

《三联生活周刊》：土耳其一直被认为是中东伊斯兰国家的一朵奇葩，很多人都认为土耳其是继日本之后全世界第二个实现了现代化的东方国家，请问土耳其为什么能取得这样的成就？

昝涛：土耳其是在伊斯兰社会里最早建立起来的民族国家，在此基础上，凯末尔党人领导的世俗化改革起了最关键的作用。奥斯曼帝国一开始的改革不存在主义之争，它面临的首要问题就是富国强兵。但在和西方接触后日益发现，它必须首先建立一个民族国家，大家团结一致，才能和人家竞争，这就涉及"我们是谁"的问题。奥斯曼精英们尝试过奥斯曼主义和泛伊斯兰主义，都不成功，最后凯末尔党人选择了民族主义，生造了一个土耳其民族的神话出来，用这个理念把土耳其人团结到一起。凯末尔党人的时代，土耳其民族主义神话发展的极致就是"土耳其史观"，这一史观是对"雅利安史观"的改造，认为土耳其人是发源于中亚的白种人，是当时最高文明的拥有者，数千年前因为气候变迁，土耳其人向世界各地迁徙，并将自身的高级文明传播给了其他民族。

这样做有两个好处：第一，可以让土耳其摆脱伊斯兰教传统的束缚，但却又不至于丢掉民族的认同感，只要土耳其人民回到自己伟大的过去就可以了，这在一定程度上就避开了在现代化过程中必然产生的悖论。第二，凯末尔告诉大家，土耳其人在接受伊斯兰教文明之前，他们的祖先就已经创造了一个伟大的文明，甚至西方文明也都源于土耳其，这样就从感情上解决了全盘西化可能遇到的抵触情绪，凯末尔的世俗化改革就具有了强大的意识形态支持。

《三联生活周刊》：中国在民国时代把土耳其当作榜样，可为什么没有走上土耳其这条路呢？

昝涛：确实，中国在100多年前就开始关注土耳其，康有为专门写过介绍青年土耳其革命的文章，孙中山、汪精卫和蒋介石也一直在关注土耳其，中国历史上确实有段时期是以土耳其为榜样的。说实话，在民族主义的问题上，中国并不比土耳其更保守，比如当时曾经有过"纪年之争"，围绕到底是用孔子纪年还是黄帝纪年争论不休，当时人们对中华民族和文明的起源问题也存在很大的争议，甚至还有个"中华文明西来说"。所以，中国也像土耳其一样需要一个民族构建的过程，双方的动力是一样的，只是过程和细节上有些不同而已。尤其是中国有个反满的过程，并在这一过程中发展了汉民族主义，章太炎就曾坚持中国应主张汉代的传统疆域；后来又有人提出五族共和等主张。当然了，"中华民国"的建立是通过权力让渡的方式取得的，清帝退位后把统治权让渡给了中华民国，所以，"中华民国"从法理上继承了清王朝的国土是顺理成章的事情。

中国还有一点和土耳其不同，那就是中国经历了十四年抗战以及共产主义革命，这两件事对中华民族的建构过程产生了极大的影响。

在文化改革方面，两国都曾进行了激进的变革。土耳其的现代化改革被有的学者称为"文化自宫"。比如，土耳其把文字都改了，换成了拉丁字母，但不能否认，这样做的结果就是比较快地消灭了文盲，极大地提高了人口素质。胡适曾经说过，你说要100%的全盘西化，最后也就能得到个50%，所以一开始需要矫枉过正，必须坚定不移地朝那个方向努力。你看土耳其最终也没有变成西方国家嘛，事实上，土耳其和日本的民族传统恰恰是保存得非常好的。而我们在五四以来的文化革命之后，中国出现了精神危机、信仰危机、诚信危机……曾经有一段时间主流价值观没能给老百姓提供真正的精神慰藉，中国传统文化也一度支离破碎，没法用了。

中国的文化革命和土耳其的文化大革命还有一个本质的不同。两者虽然都把矛头对准了自己的传统，但中国的文化革命打破的是儒家传统，儒教一直依附于政权，得不到政权支持的话它立刻就消沉了。土耳其革的是宗教的命，因为凯末尔党人相信伊斯兰教妨碍了土耳其的现代化。但宗教不必然依附于政府，其社会生命力是很顽强的。你看经历了凯末尔主义革命的土耳其，伊斯兰传统依然保持得很好。对比土耳其来看，它的世俗化改革并没有打掉自身的宗教传统，当前的所谓伊斯兰复兴乃是对当年世俗化改革的一个正常的反应，现在土耳其人反倒实现了"社会—精神"结构的正常化和稳定。

《三联生活周刊》：有人说蒋介石就是中国的凯末尔，你同意这个说法吗？

只是有些相似性，那个时代的一些人是有威权主义的特质，并且想按照自己的理想改造自身所处的社会。但我认为，毛泽东主席可能更像凯末尔，他们都成功了，而且两人都搞了"文化大革命"，想彻底改造自己的国家，两者风格上非常相似，只不过一个是资产阶级的，一个是无产阶级，最后走了两条不同的路线。另外，我觉得凯末尔和毛泽东所处的环境很不同，因为土耳其这个国家的体量比中国小太多了，又没打过内战，在很多方面两者可比性又比较小。

土耳其之所以走上了资本主义道路，原因有很多。首先,土耳其本身一直是一个资本主义阵营的国家,因为国内精英人物一直向往西方,整个国家很自然地倒向了西方。其次,土耳其的地理位置非常重要,是冷战的桥头堡。土耳其的掌权者在"二战"以后顺势投入了北约怀抱,并从北约那里得到过很多帮助。

《三联生活周刊》:最近一段时间,凡是关心中东问题的人都在谈论"土耳其模式",认为这是中东伊斯兰国家走向民主的一个最好的样板,请问你怎么看待这个说法?

昝涛:这事大概要从 10 年前说起。2003 年美国打赢了第二次海湾战争后,开始着手伊拉克重建,并推出了"大中东民主计划"。正是在这一背景下,土耳其作为一个模式被美国官方和学术界提了出来。土耳其是北约中唯一的伊斯兰国家,长期以来都是美国在中东地区的战略盟友。土耳其的世俗民主制度被美国的决策者们视为一个"榜样",尤其是针对伊拉克的民主改造,土耳其也是美国的一个参照对象。美国国务卿赖斯 2005 年就曾经说,土耳其的成功证明了伊斯兰教、伊斯兰世界与民主制不矛盾。

另外,这一点也与美国人的一种意识形态有关系,他们认为阿拉伯—伊斯兰世界之所以出现了极端主义、恐怖主义,是因为那里的人民没有实现民主化,因此,小布什政府的"反恐战争"是把推广民主制度作为首要任务考虑的。

但是,"阿拉伯之春"发生之后,情况有了变化。独裁专制的世俗政权被推翻了,代替它们的却是各色伊斯兰主义政治力量,它们通过后革命时代的民主手段登上了这些国家的政治舞台,比如突尼斯的伊斯兰复兴党上了台,利比亚"过渡委"欲以伊斯兰教法为法律依据,埃及穆斯林兄弟会赢得了选举……于是西方国家开始担忧起来,觉得"阿拉伯之春"要被伊斯兰势力接管了。

其实,土耳其的情况和"阿拉伯之春"非常相似。从1980年代开始,随着土耳其经济改革和社会发展,土耳其的政治版图发生了根本性的改变。当时,亲伊斯兰教的厄扎尔当选为土耳其总统,他出身底层,安纳托利亚的小资产阶级以及保守的政治和社会集团都很支持他,传统的凯末尔主义精英们则开始相对地被边缘化了。从这一时期开始,土耳其就已经逐渐疏离了凯末尔党人坚持多年的国家主义,并改变了世俗主义、民族主义和改革主义的一些内容,摧毁了很多凯末尔时代的禁忌。从这个意义上说,"阿拉伯之春"之后的那几个国家正在走土耳其的老路,不过这段道路并不平坦,还需要比较长的时间来消化民主化所带来的问题。可以说,土耳其模式的确是一个不错的样板,但至于怎么走对于阿拉伯国家来说还有一个自身国情的问题。

《三联生活周刊》：凯末尔一直被土耳其人尊为国父，但凯末尔主义为什么却又那么不堪一击呢？

昝涛： 说它"不堪一击"，我认为这种表述肯定是有问题的。这个问题需要放置在历史的长时段中来看，不可简单而论。凯末尔党人所执行的世俗化和现代化等改革措施是在特定的历史条件下发生的，那时的改革以欧洲的进步为榜样，为了进步，很多的改革都是在国家权力的控制下进行的，是一种典型的自上而下的改革。我借用过一个概念，说凯末尔党人在土耳其造就的是一种"被管理的现代性"（Guided Modernity），意思就是说追求进步，并依靠强力推行和保障之。

一旦国家政治权力的基础发生变化，比如民主制度逐渐完善，这种"被管理的现代性"必然受到挑战。事实上，即使是在凯末尔党人当政时期，伊斯兰宗教势力对国家主义的反抗也从未停止过。具有讽刺意味的是，凯末尔亲手建立起来的共和人民党在民主化时代竟几乎没有真正赢得过一次大选，而以伊斯兰主义为号召的保守政党，尽管遭到以土耳其军方为代表的强硬世俗势力的不断打压，却可以问鼎政权。

但是，这种变化并不能证明凯末尔主义不堪一击。凯末尔主义追求的是一种进步主义的现代化，它有其特定的历史合理性，并确实打下了土耳其现代化的基础。今天在一个民主化、多元和自由主义的时代,即使有伊斯兰主义色彩的保守政党上台了,也不能就说凯末尔主义失败了,不能这么简单的采取"二元对立"的方式看问题,今天,凯末尔主义所确立的世俗主义原则在土耳其也仍然是不可动摇的。

《三联生活周刊》:土耳其军队的角色很有意思。你认为埃及和突尼斯等"阿拉伯之春"国家的军队是否能起到同样的作用呢?

昝涛: 在土耳其模式中,军方在民主化的过程中确实扮演了重要角色,但这一点与土耳其加入了北约,因此受到北约机制的约束应该有很大的关系。前面说了,土耳其曾发生过三次政变,但没有发生过大规模流血冲突,政变的目的也不是让军人上台执政,而是促成政权更迭,军人达到目的后就很自觉地退回军营,所以土耳其的几次军事政变都不同程度地得到了民众的支持。但是,自1997年发生了不流血的"后现代政变"以来,土耳其再也没有发生过大的政变,民主制度在土耳其进入了一个相对稳定的时期。这就是为什么正义发展党上台后,通过民主的制度设计对军队进行了压制和规范,并取得了很大的成功。

土耳其因为较早地实现了多党制,拥有受过民主训练的大众政党,而在其他中东国家,这几个方面的基础都很薄弱。比如,在过去的60年里,由于政治高压,埃及的政党政治非常虚弱,基本上是依附于埃及军方的专制体制。除了穆斯林兄弟会,埃及根本没有什么有能力的大众政党，所以，我认为，土耳其的"军人保卫民主"的模式在埃及这样的国家会有不同特点，尽管目前看来"军队监国"这一现象是相似的。

《三联生活周刊》：那么，如果伊斯兰教复兴了，民主还有可能实现吗？

昝涛：这个问题比较复杂，也是目前比较有争议的。那个讲过"历史的终结"的日裔美国学者福山曾经说过，伊斯兰教不一定反对民主，但与自由主义却是不兼容的。当然，他指的主要应该是具有强烈政治诉求的伊斯兰主义的主张。实际上，如果我们看看穆斯林世界的具体情形，可以发现，他们的政治诉求是非常多元化的，简单来说，既有温和的，也有极端的。目前来看，我的判断是，极端主义的诉求，无论是建立教权国家还是实施恐怖主义，都不是主流。

极端的伊斯兰主义，其政治诉求与现代民主思想是背道而驰的，因为前者的诉求是神权，后者的基础则是民权。也就是说两者的思想基础是根本不同的，尽管在形式上可能有很多一样的地方，比如在伊朗你可以看到比较复杂的民主政治运作的现象。伊斯兰教复兴不是复古，不是回到过去，这是一个崭新的东西。伊斯兰主义是具有现代品格和气质的，从自身的立场来说，它对西方的自由、民主和资本主义有深刻的批判，但它不一定是反现代的。

埃及等发生了"阿拉伯之春"的国家虽然宗教势力有所抬头，但它们表面上也都承认民主的价值，认真地进行宪政制度的框架设计。执政党虽然在拉选票时可能利用了宗教，但它以后所面临的任务是治国，如果上台执政的话，管理一个现代国家需要现代法律和制度体系做支柱，民主的基本架构是不可能轻易被丢掉的，因此在那里不必太过于担心宗教的复兴问题。西方人之所以担心这一点，大概是所谓"伊斯兰恐惧症"的一种表现。

从另一个角度讲，宗教尽管具有政治性，但在现代社会，作为一种治理原则，它主要是受到极端伊斯兰主义的鼓吹，宣称要建立一个他们理想意义上的现代社会。如今大多数人所追求的东西不是以宗教激进意义上的宗教为标准，而更多的是一些家长里短的人类基本需求，宗教对大多数人来说更主要的是人们精神生活的指南而已，和政治的关系实际上是越来越远的。

谈到伊斯兰复兴，我认为应该换一种角度来理解"阿拉伯之春"国家里发生的所谓伊斯兰复兴运动的本质：它不再是一场宗教激进主义的伊斯兰运动的复兴，而是有着广泛群众基础的、各社会力量共同参与的现代伊斯兰主义运动。我比较赞成一位法国学者的总结:"通过这场革命,阿拉伯和穆斯林世界以自己的方式拥抱了现代化,这是一种符合伊斯兰主义运动所设定标准的特殊现代化,其表现形式是公民社会反对执政当局的独裁专制与贪污腐败。"

(原载《三联生活周刊》,2012年9月,记者:袁越;收入本书时,个别文字略有改动。)

土耳其的近代转型与它的"不得已"

——《南方都市报》的专访

土耳其人口8000万,人均收入1万多美元,步入中等发达国家行列,政局近年相对也比较稳定。这在伊斯兰国家中是比较少见的,学界也有了"土耳其模式"一说。它具体是什么含义?土耳其的近代转型能否说"成功",有哪些经验教训和"不得已"?军方为何在近代历史上扮演了土耳其世俗化的守护者角色?如何评价埃尔多安和其领导的正发党在新世纪以来土耳其经济发展中的作用?目前他们面临的挑战有哪些?土耳其的外交为何从"零问题"变成了"全问题"?对土耳其而言,其战略选择是不"向西"就"向东"的单选题吗?就这些问题,"南都评论"记者专访了北京大学历史系昝涛副教授。

《南方都市报》：探究土耳其成功的秘密时,有"土耳其模式"说。在你看来,"土耳其模式"指什么?

昝涛:"土耳其模式"在不同历史阶段有不同的含义。1923年土耳其共和国建立,当时算是较早地在亚洲建立了独立的现代民族国家,曾成为很多中国先进人士心目中的榜样。冷战结束,中亚国家想寻求榜样时,土耳其提供的民主政治和市场经济样板算是一个"模式"。再往后,美国在第二次海湾战争之后推出"大中东民主计划"时,也将土耳其视为一个"模式",指的是在一个穆斯林人口占绝对多数的国家,建立起世俗的民主政体,希望土耳其成为其他中东伊斯兰国家的榜样。在我看来,正义与发展党2002年上台执政后,在很多方面承继了20世纪80—90年代厄扎尔时代的内政和外交政策,比如继续坚持改革开放,搞以出口导向和私有化为主体的新自由主义经济发展模式,使得土耳其不单单有世俗的民主制度,更重要的可能是在一个保守的伊斯兰主义政党的主导下,土耳其作为一个伊斯兰国家保持了较长时间的政治稳定和经济快速发展,培育了保守的新兴中产阶层,这也是当下所谓"土耳其模式"的重要涵义之一。总而言之,土耳其在近百年来,一直在中东、西亚、北非以及中亚地区具有某种"模式"效应。

《南方都市报》：在该地区的伊斯兰国家中，土耳其的近代转型能否说成功？若能说是"成功"，是否有些经验值得借鉴？

昝涛：土耳其的近代转型也是"被逼无奈"的产物，在外部压力下有很多"不得已"的地方。从奥斯曼帝国转变为土耳其共和国，并不是它主动选择的结果。当时的奥斯曼帝国对于西方而言，是作为欧洲的一个所谓"东方问题"而存在的，面临被肢解的命运。在"一战"后才有了凯末尔领导的独立革命，建立起土耳其共和国。

至于说是否"成功"，还要从历史的视角看。毕竟，土耳其的现代化进程一直在动态地演变中。奥斯曼帝国晚期已经开始搞现代化改革。到共和国时代，仍旧是在延续现代化的命题。军事上是模仿西方先进的技术和组织方式，政治上是要建立一个中央集权的现代国家。奥斯曼帝国不是一个严格意义上的中央集权国家，而是强调地方自治，架构上比较松散。在文化上的变革体现为西方化和世俗化，首先承认在法律面前人人平等，改变原来伊斯兰帝国中穆斯林地位高于非穆斯林的状况。这些举措自奥斯曼帝国19世纪前期的"坦齐麦特"（Tanzimat）时代就开始了，到土耳其共和国时代算是顺利完成，从这个视角看，土耳其的近代转型应该说是成功的。

附 录

如果把现代化作为一个标准来看，美国比较政治学委员会在20世纪60年代，已经将土耳其和日本并列称为两个成功地实行了现代化的非西方国家。以其他的具体指标比如市场经济、个人自由、民主政治和公民社会等来衡量，土耳其相对于大部分非西方国家来说也是比较成功的。

但从另外的视角看，这种"成功"的现代化转型是有很多代价的。首先，奥斯曼帝国崩溃后，并没有带来民族国家体系下的长期和平，相反，在巴尔干、阿拉伯等奥斯曼帝国原来统治过的地区，总是动荡不断，直到今天仍然如此。其次，从土耳其社会内部来看，激进的世俗化是对穆斯林传统的强制割裂，也有很大的负面效应，这也是后来出现伊斯兰保守主义复兴的重要原因。

土耳其作为一种"模式"，一直以来受到很多国家穆斯林精英的很欣赏。早期的欣赏集中在凯末尔主义的改革，像巴基斯坦、伊朗等国的世俗精英，都曾对土耳其表现出浓厚兴趣。同样，正义和发展党这十几年来推进的变革，更是引起了其他伊斯兰国家的注意，并在不同程度上被研究和借鉴过，例如突尼斯人对正义与发展党的兴趣就很大。至于借鉴得成功与否就是另一回事了。

《南方都市报》：土耳其转型与其他伊斯兰国家的

约束条件有什么不同?

昝涛:从转型的视角看,不同的伊斯兰国家有诸多相似的地方,比如大部分伊斯兰国家都有威权主义的传统,伊斯兰保守主义对社会生活的影响很深等。但显然,具体的国情还有很大的不同。比如沙特是瓦哈比建国的传统,是以宗教、部落立国的。而土耳其共和国建立时是以凯末尔主义、世俗主义立国的。而伊朗是什叶派国家,在什叶派的传统里,宗教力量有比较强的组织性,在现代化进程中,什叶派的宗教力量在伊朗要比逊尼派力量在土耳其强大。此外,国际环境也不同,土耳其在"二战"末期就加入了北约,之后又力图加入欧洲"俱乐部",这又形成了对土耳其的外部规定性,也就是说,西方因素在土耳其的影响是巨大的。

《南方都市报》:土耳其的军方自凯末尔以来,似乎在其民主、政教分离和世俗化中扮演了守护者的角色,为什么会如此?

昝涛:军队无论在奥斯曼帝国时代,还是在土耳其共和国时代,都发挥着重要作用。这与东方相对落后的民族实现现代化的道路息息相关。在与欧洲/西方的竞争中,首先是感到了军事力量上的落后,一连串的战败和失利导致了向西方学习。先是要建立一支强大的军队,这成为诸落后民族最迫切的需求。改革往往是从建立一支现代化的军队开始的。在建立新式军队的过程中，无形中就抬高了军队的位置。而建立新式军队的过程，也是培养现代精英的过程，新军不只是武器先进，更重要的是人会受到全新的教育、训练，从而新式军人对社会的认识等发生大的转变。这就导致新式军人精英的影响就不仅局限在军队中，他们也会成为政治精英。从军队开始，推动国家走向现代化道路，这样的路径选择不仅仅在土耳其出现，在很多后发现代化的国家都出现过，包括伊朗、中国等等。近代中国的袁世凯、蒋介石等人，都是军人出身。

凯末尔本身是军队领导人，是他推动土耳其立国并建立了世俗政权。土耳其军队的精英主义传统和世俗教育体系，包括世俗国家的利益与军方利益在某些方面的捆绑，造成了军队在维护世俗政权上的影响力和传统。20世纪，土耳其军方发动过数次军事政变，在保护土耳其共和国免受"国内和国外敌人"的颠覆方面发挥了重要作用。土耳其本国的相关法律、军队的法典也曾赋予军方合法地干预政治生活的地位和角色。

不过，军队的这种角色实际上也是在变化的。这种变化是土耳其政治和社会整体转变的结果，也是军方适应土耳其政治结构和社会文化变迁的结果，具体体现在几年前土耳其修改了军队的法典，使得土耳其军方干预内政失去了法律依据。虽然不能说军队现在已经完全不是土耳其世俗主义的守护者了，但至少可以说，土耳其军队干预政治的可能性已经大大降低了。2016年7月份土耳其军方个别势力集团图谋发动军事政变推翻埃尔多安，当然这并未成功，从各方面的消息，尤其是军方当时发布的通告看，这次未遂政变跟维护世俗主义没有什么关系。

《南方都市报》：*如何评价埃尔多安及其领导的正义与发展党在新世纪以来土耳其发展中的作用和角色？*

昝涛：从宏观层面看，正义和发展党上台执政的这段时期，正是全球化在世界范围内大规模深入地展开、新兴经济体发展和崛起的时代。在2009年之前，新兴经济体都经历了高速发展。这一过程为新兴经济体的执政党提供了好的口碑与合法性，这里面有时运的成分。

埃尔多安领导的正发党是个伊斯兰主义的政党，但这个标签难免有西方认知的影响在，现在谈伊斯兰主义往往被赋予了负面意涵，其实正义与发展党及其精英更愿意称自己为坚持民主的保守主义政党。所以，不能简单地把这个政党贴上伊斯兰主义的标签，这样反而不利于认识它。

自 2002 年上台执政后，正发党对土耳其的发展发挥了正面的、积极的作用。它为土耳其的经济增长、基础设施建设、民生的改善尤其是教育和医疗事业的推进，都起到了重要作用。这也是十多年来，土耳其的历次选举中，"正发党"能不断地获得支持的重要原因。伊斯兰保守主义只是正发党的一个面相，土耳其民众支持它，主要原因还是在于它的统治政策带来了实惠和民族自豪感。可以说，"正发党"比之前的大多数执政党的贡献都要大。

另外，正发党的成功当然离不开它的创立者和魅力领导人埃尔多安，埃尔多安在这个过程中已经成为土耳其政坛的"常青树"，他为这个时代打上了自己的深刻烙印，所以可以用"埃尔多安时代"命名。我个人认为，埃尔多安是符合土耳其传统与民众"口味"的一个"魅力领导人"，也就是韦伯说的"克里斯玛型"领袖，他虽然带有过多明显的 20 世纪政治领袖的特点，但也算得上当代世界政坛上少数了不起的领导人之一了。在这个问题上，2011 年之前的西方也存在相似的判断。

《南方都市报》：扑灭 7 月份的军方叛乱后，埃尔多安和正发党现在面临的政治和经济挑战有哪些？

昝涛：政治上主要是巩固权力的问题。这次政变使得埃尔多安和正发党意识到其执政基础还不是那么牢固。现在土耳其正处于"整肃"阶段,要排挤政治对手并镇压他们认定的"恐怖主义"势力。这部分地也有埃及的经验和教训在其中,现在看,土耳其现政权为了巩固权力还会将当前的政策延续一段时间。

埃尔多安和正发党目前的做法在美国和欧盟国家中引发了很多批评和争议,所以西方的批评也是挑战之一。

经济上主要是土耳其的经济增长近年来明显放缓,这也是新兴经济体面临的普遍现象。土耳其现在已经是中高收入国家,也存在一个"中等收入陷阱"的问题。如何跨过是它不得不面对的挑战。

同时,由于社会上的不稳定,不时受到恐怖袭击,以及周边环境的恶化,土耳其的旅游收入在下降,穆迪下调土耳其的主权信用评级,外资撤退和资本外流,都是正发党和埃尔多安要面对的具体挑战。

但在中东地区的格局里还是可以发现土耳其的某种向上的趋势,也就是说,土耳其的崛起势不可挡,这些挑战中都酝酿着机遇,比如在叙利亚与库尔德问题上,土耳其目标清晰,明确地表达了其国家意志;即使是数百万难民的到来,整体上对土耳其而言也是机遇大于挑战的。

《南方都市报》:在土耳其自身的战略定位上,一直有"向东"还是"向西"的选择。现在加入欧盟遥遥无期，有评论认为土耳其在转头"向东"。土耳其不可以利用独特的地理和战略位置，同时向两个方向看吗？

昝涛：土耳其当然要两个方向同时看。冷战结束以来，土耳其自身的战略就已经调整了，即走向多元化，多边主义，而不是"向西"或"向东"的单选题。现在，土耳其不仅面临着不能加入欧盟的问题，它与美国和北约的关系也出现了微妙的变化，不和谐的声音在增大。但这并不意味着土耳其已经可以抛弃与西方和北约的这种结构性的安全结盟关系。加入欧盟不成，也并不意味着就抛弃欧盟。土耳其的经济、科技合作大部分是与欧盟展开的，离开欧盟，土耳其的经济将面临巨大的损失。而离开北约，土耳其的安全也得不到保证。同样地，欧盟和北约也非常需要土耳其。这不是一些"意气用事"能够改变的。真正的战略家对此都心知肚明。

与此同时，土耳其具有独特的地理和战略位置，也有"向东"看的潜力和理由。土耳其97%的领土在亚洲，与中东、中亚和高加索地区和俄罗斯紧邻，又是个穆斯林占绝大多数的国家。近年来土耳其工业化产能的提升，需要大量的能源和更大的产品市场，它自然必须同时重视与中东、西亚和北非诸国间的关系。正如土耳其的前总理达武特奥卢所说，土耳其力争的是成为这一地区的"枢纽"国。这就意味着,它是以自己为中心,以实际利益为导向来发展与东、西方的关系,而不是以意识形态定取舍。

《南方都市报》:土耳其近年来与周边国家摩擦加大,一种声音认为土耳其随着新世纪以来实力的增长,正在变得自大起来,从之前的"零问题外交"变成现在的"全问题外交",是这样吗?

昝涛:土耳其外交上的这种转变不是土耳其有意为之,而是周边环境的变化导致,有其不得已之处。所谓"零问题外交",主要是指与周边国家和睦相处的外交定位,主要包括与伊朗、叙利亚、伊拉克、俄罗斯及不接壤的以色列等国和谐相处。新世纪以来的一段时间,土耳其也确实做到了。但随着近年来周边形势的变化,土耳其也不得不做出调整。这些变化主要是"阿拉伯之春"后,ISIS力量的兴起、阿拉伯国家的政局变动带来的。土耳其本来判断叙利亚的巴沙尔政权要垮台,当时土耳其的西方盟友也有此架势,那土耳其自然就不能再与巴沙尔政权合作。埃及的穆兄会与正发党的政治理念比较接近,属于同类性质的温和伊斯兰主义力量,穆兄会在埃及上台后,两国关系走得很近,正发党也期望穆兄会在其他阿拉伯国家能够上台。但很快,随着穆尔西被埃及的军方赶下台,土耳其与埃及的关系也就恶化了。

这些周边因素的变化，非土耳其能控制。当然，埃尔多安和正发党在应对 ISIS 的崛起、巴沙尔政权能否延续、俄罗斯介入叙利亚，以及美国对库尔德武装力量的扶植与支持等等这些问题上，都必须考虑复杂的因素，它自己并没有决定性的影响力，这是土耳其作为一个中等规模国家的宿命。比如，在打击 ISIS 上，土耳其先是考虑到库尔德人的崛起问题，同时它也要在叙利亚北部建立实质性的势力范围，在这里，土耳其与美国、俄罗斯和伊朗的利益诉求是不同的，尽管大家都在同一个"游戏"中，但分歧过大，土耳其与这几个国家之间的关系必然有波折起伏，也令人眼花缭乱。

2016 年上半年开始，土耳其已经随着形势的变化再次大幅度地调整其外交政策，与俄罗斯、以色列的和解就是例证。客观说，一个有着大国梦的土耳其仍然在中东地区处于上升过程中。

(原载《南方都市报》，2016 年 11 月 6 日，记者：陈建利；收入本书时，个别文字略有修改。)

图书在版编目(CIP)数据

奥斯曼—土耳其的发现:历史与叙事/昝涛著. —北京:北京大学出版社,2022.6
ISBN 978-7-301-33031-9

Ⅰ.①奥… Ⅱ.①昝… Ⅲ.①奥斯曼帝国—历史—研究 ②土耳其—历史—研究 Ⅳ.①K374

中国版本图书馆 CIP 数据核字(2022)第 082605 号

书　　　名	奥斯曼—土耳其的发现——历史与叙事 AOSIMAN—TUERQI DE FAXIAN ——LISHI YU XUSHI
著作责任者	昝　涛　著
责任编辑	闵艳芸　赵　聪
标准书号	ISBN 978-7-301-33031-9
出版发行	北京大学出版社
地　　　址	北京市海淀区成府路 205 号　100871
网　　　址	http://www.pup.cn
电子信箱	zhaocong@pup.cn
新浪微博	@北京大学出版社
电　　　话	邮购部 010-62752015　发行部 010-62750672 编辑部 010-62753154
印　刷　者	北京中科印刷有限公司
经　销　者	新华书店 880 毫米×1230 毫米　32 开本　8.875 印张 170 千字 2022 年 6 月第 1 版　2022 年 6 月第 1 次印刷
定　　　价	69.00 元

未经许可,不得以任何方式复制或抄袭本书之部分或全部内容。
版权所有,侵权必究
举报电话: 010-62752024　电子信箱: fd@pup.pku.edu.cn
图书如有印装质量问题,请与出版部联系,电话: 010-62756370